deutsch ideen

Kursstufe

Arbeitsheft

Grundwissen und Übungen

Schroedel
westermann

deutsch ideen
Kursstufe

Arbeitsheft für die gymnasiale Oberstufe

Herausgegeben von Günter Graf

Erarbeitet von
Gerhard Altmann, Urban Büchel, Ulla Ewald-Spiller,
Frauke Mühle-Bohlen, Jelko Peters, Jens Zwernemann

westermann GRUPPE

Druck A³ / Jahr 2020
Alle Drucke der Serie A sind im Unterricht parallel verwendbar.

Redaktion Frank Sauer
Herstellung Udo Sauter
Reihentypografie Farnschläder & Mahlstedt, Hamburg
Satz tiff.any GmbH, Berlin
Druck und Bindung Westermann Druck Zwickau GmbH

ISBN 978-3-507-**42021**-2

Informationen zum Arbeitsheft

Das Arbeitsheft stellt eine sinnvolle Ergänzung des Arbeitsbuchs **deutsch ideen Kursstufe** dar. Es dient Ihnen in seinem vielfältigen Angebot zu *Grundwissen und Übungen* zur unmittelbaren Vorbereitung auf das Abitur: die schriftliche, aber auch die mündliche Prüfung betreffend.

Als Vorbereitung auf die Übungen zur Schreiblehre sind die allgemeinen Hinweise zu den *Grundlegenden Arbeitstechniken* gedacht: so zum Verständnis der Aufgabenstellung und zur Abfassung der Klausur.

Grundwissen Im Vergleich zum Arbeitsbuch, das in den Randspalten und auf den Sonderseiten »Was Sie an Wissen und Kompetenzen erlangen müssen« gerafft das Grund- und Regelwissen vermittelt, wird dieses im Arbeitsheft erweitert, so z. B. zu den poetischen Gattungen.

Übungen Ein weiterer Schwerpunkt des Arbeitsheftes liegt auf der das Arbeitsbuch ergänzenden Präsentation von Übungen zur Schreiblehre, d. h. zu den zentralen Aufgaben- und Schreibarten der Abiturprüfung, insbesondere zum Interpretations- und Erörterungsaufsatz.

Hier werden Ihnen vor allem Empfehlungen zu Ihren **Vorarbeiten** hinsichtlich des jeweiligen Aufsatz- bzw. Klausurtyps gemacht (z. B. Interpretationshypothese, Analyse- und Interpretationsskizze, Mindmap und Gliederung).

Gleichzeitig bietet Ihnen das Arbeitsheft ausführliche **Lösungsmöglichkeiten** zu Ihren Vorarbeiten an – im Sinne von Erwartungshorizonten.

Auch die im Arbeitsbuch notierten kürzelhaften Vermerke zur *Literaturgeschichte* – dort allerdings im streng funktionalen Sinne als Interpretationsaspekte der poetischen Werke organisiert – werden hier im Arbeitsheft um epochengeschichtliche Informationen erweitert. Sie können Ihnen als mögliche Deutungshilfen für die in den schriftlichen Aufgabenstellungen des Abiturs angesprochenen poetischen Werke dienen. Gleichzeitig stellen diese Informationen ein nützliches Hintergrundswissen für die mündliche Prüfung dar.

Die in dem Arbeitsbereich *Sprachreflexion* vorgestellten Wissensbestände zu den rhetorischen Mitteln sowie zur Grammatik, zum Rechtschreiben und zur Zeichensetzung sind als Wiederholung bzw. zum Nachschlagen wichtiger Fachbegriffe gedacht. Zudem enthalten sie, z. B. bei der Anwendung auf die Analyse poetischer und sachbezogener Texte, wertvolle Verstehenssignale.

Inhalt

Umgang mit Literatur

Sprachreflexion

Aufgaben verstehen

Die Aufgabenarten unterscheiden

Die Bearbeitung einer Klausur beginnt mit der Analyse der Aufgabenstellung. Dabei müssen Sie klären, was für eine **Aufgabenart** Ihnen vorliegt und mit welchen **Operatoren** diese Aufgabenart bearbeitet werden soll. Denn nur, wenn Sie genau wissen, was mit den Aufgabenstellungen gemeint ist, können Sie sich bewusst machen, welche Leistungen bei der Lösung der Aufgaben von Ihnen erwartet werden. Von der **Aufgabenart** hängt es ab, was für einen Aufsatz Sie schreiben. Es werden folgende drei Schreib- und Aufgabenarten unterschieden:

A Interpretation

- Analyse und Interpretation eines literarischen Textes (analytischer Interpretationsaufsatz)
- Interpretation eines literarischen Textes im Anschluss an eine produktive Aufgabenstellung (gestaltender Interpretationsaufsatz)

B Analyse

- Analyse eines Sachverhalts oder Problemgehalts im Anschluss an einen Sachtext (Sachtextanalyse)

C Erörterung

- Argumentation eines Sachverhaltes oder Problemgehalts im Anschluss an einen Sachtext (textgebundene Erörterung)
- Argumentation eines Sachverhaltes oder Problemgehalts im Anschluss an eine Materialgrundlage (materialgestützte Erörterung)
- Argumentation eines Problemgehalts im Anschluss an einen literarischen Text oder ein literaturbezogenes Thema (literarische Erörterung)

↗ Aufzeichnungen (Hinweise Abitur Deutsch)

Die Operatoren erschließen und unterscheiden

Die **Operatoren** geben Ihnen genaue Anweisungen, wie Sie eine Aufgabe zu lösen haben. Die Operatoren lassen sich größtenteils einem der **drei Anforderungsbereiche** zuordnen, allerdings berührt jeder Operator auch die übrigen Anforderungsbereiche. Die Operatoren beschreiben als Verben Tätigkeiten, die Sie aus Ihrem Alltag, aber auch aus anderen Schulfächern her kennen. Sie müssen beachten, dass die Operatoren hier fachspezifisch verwendet werden. Die Bedeutung der Operatoren im Fach Deutsch kann also von der Bedeutung des gleichen Operators in einem anderen Fach oder des Verbs im Alltag abweichen.

1. Anforderungsbereich

Die Operatoren im ersten Anforderungsbereich verlangen die Wiedergabe oder Darstellung des Inhaltes eines Textes oder eines Sachverhaltes, ohne dass Sie den Text oder Sachverhalt in einen größeren Zusammenhang einordnen, deuten, bewerten oder beurteilen. Sie wenden die ihnen bekannten Methoden der Textproduktion an.

Operator	Erklärung
benennen	Informationen ohne Erklärungen und Kommentierung anführen
beschreiben	in eigenen Worten formulierte, präzise, auf Erklärung und Wertung verzichtende Darstellung von Textaussagen, Sachverhalten, Personen, Situationen, Vorgängen
bestimmen	deutlich Fakten, Ursachen, Motive, Ziele feststellen
darstellen, darlegen, aufzeigen	unter einer bestimmten Fragestellung Zusammenhänge und Sachverhalte sachbezogen, strukturiert, methodisch reflektiert und unter Verwendung von Fachsprache ausführen
formulieren	präzise einen Eindruck, ein Ergebnis, einen Standpunkt anführen
skizzieren	auf das Wesentliche begrenzt einen Charakter, einen Sachverhalt, eine Handlung darstellen
wiedergeben, zusammenfassen	Inhalte von Texten bzw. einzelne Textaspekte auf das Wesentliche komprimiert, sachbezogen in eigenen Worten formulieren

2. Anforderungsbereich (II)

Die Operatoren im zweiten Anforderungsbereich verlangen eine Gliederung, Neuordnung und Einordnung des Textes oder Sachverhalts. Im Mittelpunkt steht die Anwendung und Übertragung Ihres fachlichen und methodischen Wissens auf Texte und Sachverhalte.

Operator	Erklärung
analysieren, untersuchen	systematisches Zerlegen und Erschließen eines Textes in die jeweiligen Bestandteile des Inhalts und der Form und strukturiertes Darstellen der einzelnen Inhalte bzw. Textelemente für sich und in ihrer Wechselbeziehung
begründen	Auffassungen, Positionen, Urteile bestimmen, argumentativ herleiten und stützen oder widerlegen
charakterisieren	vor allem Personen, aber auch Sachverhalte in ihren spezifischen Eigenheiten darstellen
einordnen	einen Textauszug oder Sachverhalt in einen vorgegebenen Zusammenhang einbinden
erläutern, erklären	Sachverhalte, Textaussagen, Problemfragen sowie eigene Texte nach zentralen Gesichtspunkten verdeutlichen und durch weitere Informationen veranschaulichen
gliedern	einen Text unter bestimmten Aspekten strukturieren und systematisierend in seinen Teilen darstellen
herausarbeiten	Strukturen, Leitgedanken, Sachverhalte aus einem Text herauslösen und darstellen
vergleichen	Gemeinsames, Ähnliches und Unterschiedliches herausarbeiten und abwägend gegenüberstellen

3. Anforderungsbereich

Die Operatoren im dritten Anforderungsbereich verlangen von Ihnen, dass Sie über Ihre Ergebnisse, ein erkanntes Problem oder eine erarbeitete Position reflektieren und zu einer Lösung und/oder Bewertung gelangen.

Operator	Erklärung
beurteilen, bewerten	Inhalte und Gestaltungen von Texten, Sachverhalten, Lösungen reflektieren sowie prüfen und dazu ein objektives sowie fachlich begründetes Urteil formulieren
diskutieren	sich argumentativ mit einem Thema oder einer Problemfrage befassen
entwerfen, gestalten	im Anschluss an eine Vorlage oder einen Sachverhalt einen eigenen Text (inneren Monolog, Tagebucheintrag, Brief, Erzählung) inhaltlich und sprachlich eigenständig-kreativ produzieren
erörtern, sich auseinander-setzen	sich mit einem Thema oder einer Problemfrage kritisch, differenziert, argumentativ das Für und Wider abwägend befassen und dazu ein begründetes Urteil fällen
interpretieren	eine auf der Basis einer Analyse von Inhalt und Form eines Textes erfolgte Auslegung und Deutung des Textes verfassen
kommentieren	einen Sachverhalt kritisch erläutern und bewerten
(über)prüfen	eine Argumentation, Position, ein Ergebnis auf seine Berechtigung, Schlüssigkeit, Gültigkeit hin kriterienorientiert untersuchen und beurteilen
Stellung nehmen	sich argumentativ und urteilend zu einer Fragestellung mit einem Fazit endend positionieren

1. Überlegen Sie, warum die Operatoren »analysieren/interpretieren« und »erörtern/sich auseinandersetzen« als übergeordnete Operatoren alle drei Anforderungsbereiche verlangen.
2. Suchen Sie zu jeder Aufgabenart in Ihrem Arbeitsbuch eine Aufgabe und notieren sie die Aufgabenstellung. Unterstreichen Sie, welche Operatoren verwendet werden, und beschreiben Sie anschließend, was von Ihnen bei der Bearbeitung der Aufgabe erwartet wird.

Eine Klausur schreiben

Lesetechniken anwenden

Bei einer Klausur werden zumeist Texte – gesteuert durch die Aufgabenstellung – erschlossen. Um die Inhalte der Texte zu erfassen, bieten sich verschiedene Lesetechniken an, die je nach Situation eingesetzt werden können.

5-Schritt-Lesemethode

Erster Schritt: Antizipierendes Lesen
Bauen Sie mit Hilfe der Aufgabenstellung, der ersten Informationen zum Text (Titel, Untertitel, Zwischenüberschriften) und ihres Vorwissens eine Erwartung von dem zu lesenden Text auf.

Zweiter Schritt: Überfliegendes Lesen
Verschaffen Sie sich einen Überblick und ermitteln Sie wesentliche Informationen zum Text *(Autor, Titel, Textsorte, Erscheinungsort und -jahr)*, zum Inhalt und Thema sowie zur Intention und sprachlichen Gestaltung.

Dritter Schritt: Klärendes Lesen
Erarbeiten Sie die Handlung oder den Gedankengang bzw. argumentativen Aufbau des Textes und klären Sie unklare Begriffe bzw. Textstellen.

Vierter Schritt: Vertiefendes konzentriertes Lesen
Verknüpfen Sie die Aussagen mit der sprachlichen und formalen Gestaltung des Textes vor dem Hintergrund der Aufgabenstellung.

Fünfter Schritt: Reflektierendes und beurteilendes Lesen
Entwickeln Sie eine eigene Position zum Text, indem Sie die Intention des Textes mit den Inhalten, der formalen und sprachlichen Gestaltung sowie der Aufgabenstellung in Bezug setzen.

Eine Klausur vorbereiten, schreiben und überarbeiten

Erster Schritt: Sich orientieren und eine Aufgabe auswählen

- Ihnen werden im Abitur mehrere Klausuren zur Auswahl vorgelegt. Lesen Sie jede Klausur mit einer Ihnen vertrauten Lesetechnik (*Skimming, SQ3R-Methode* oder *Scanning*) an, damit Sie die für Sie passende Klausur auswählen können.
- Achten Sie auf die Textgattung (*epischer, lyrischer, dramatischer Text* oder *Sachtext*) sowie auf die Aufgabenstellung. Machen sie sich bewusst, um welche Aufgaben- und Schreibart es sich bei der Klausur handelt (*Sachtextanalyse, Gedichtvergleich, Erörterung* ...).

Zweiter Schritt: Die Klausur vorbereiten

- Machen Sie sich die Anforderung der Aufgabenstellung (etwa die Operatoren) bewusst und lesen Sie den Text mithilfe der passenden Lesetechniken mehrmals.
- Formulieren Sie gegebenenfalls eine **Interpretationshypothese** (beim Interpretationsaufsatz).
- Entwerfen Sie zum Beispiel ein Ideennetz, eine Mindmap oder eine Analyse- und Interpretationsskizze.
- Legen Sie eine **Gliederung** an (mit Einleitung, Hauptteil, Schluss).

Dritter Schritt: Die Klausur schreiben

- Schreiben Sie nicht drauflos, sondern orientieren Sie sich an den Aspekten Ihrer Vorarbeiten sowie Ihrer Gliederung.
- Bedenken Sie die Zitierweise und die Frage, wo Sie Abschnitte setzen.
- Achten Sie auf Kohärenz und logische Gedankenentwicklung.

Vierter Schritt: Die Klausur überarbeiten

- Vergleichen Sie Ihren Text und Ihre Vorarbeiten.
- Überprüfen, ob Sie alle Kriterien und Aspekte der Aufgabenstellung erfüllt haben.
- Kontrollieren Sie den Aufbau der Klausur, die Bildung von Abschnitten, die Verknüpfungen der jeweiligen Teile sowie die Grammatik, Rechtschreibung und Zeichensetzung.

Die Darstellungsleistung überprüfen

Bei einer Abiturklausur werden nicht nur die Inhalte, sondern auch die Darstellungsleistung bewertet:

Der Aufbau des Textes

- Die Ausführung der jeweiligen Aufgaben und der mit den Operatoren verbundenen Anweisungen muss vollständig und stimmig sein. Setzen Sie alle Aspekte um, die zu den Operatoren gehören, ohne sich bei einem Teilaspekt zu verzetteln. Dazu gehört auch die angemessene Gewichtung der Aufgaben.
- Die offensichtliche Gliederung der Klausur in Sinnabschnitte wird durch eine schlüssige Verknüpfung der Aufgabenteile und einzelnen Gedanken erwartet, indem Sie passende Verknüpfungen von Sätzen durch die Verwendung von Adverbien und Konjunktionen herstellen.

Die Verwendung angemessener Fachbegriffe und Methoden

Achten Sie zum Beispiel auf die korrekte Verwendung
- poetischer Gattungsbegriffe sowie
- immanenter Dichtungsinterpretation (funktionaler Bezug von Form und Inhalt/Gehalt sowie Sprache) und relevanter textübergreifender Aspekte.

Das korrekte Zitieren

- Verwenden Sie vollständige oder gekürzte Zitate, um eine Aussage zu erläutern, und entscheiden Sie sich dabei für eine Zitierweise.

Die Ausdrucksweise bzw. der Stil

Vermeiden Sie Umgangssprache, mündliche Ausdrücke sowie Wendungen und verwenden Sie Schriftsprache durch
- sachliche und distanzierte, präzise und begrifflich differenzierte Formulierungen,
- einen variablen Satzbau (z. B. die Verwendung von Parataxen und Hypotaxen) sowie eine abwechslungsreiche und eindeutige Wortwahl,
- einen regelkonformen Einsatz der sprachlichen Elemente: Grammatik, Rechtschreibung und Zeichensetzung.

Richtig zitieren

Durch Zitate und Textbelege können Sie Ihre eigenen Aussagen und Deutungen begründen und belegen. Durch Zitate werden Ihre Ausführungen nachvollziehbar.

Regeln für das wörtliche Zitieren

- Zitate sind Wörter oder Sätze, die wortwörtlich aus einer Vorlage übernommen werden.
- Zitate werden durch Anführungszeichen gekennzeichnet.
- Auslassungen in einem Zitat werden durch eckige Klammern mit drei Punkten gekennzeichnet [...]. Es können ein einzelnes Wort bis zu mehreren Sätzen ausgelassen werden. Durch [...] wird auch markiert, wenn man ein Zitat im Satz beginnt oder der Satz nicht vollständig zu Ende zitiert wird. *»[...] wir sollten einmal die Masken abnehmen, wir sähen dann, [...] überall den einen uralten, zahllosen, unverwüstlichen Schafskopf, [...]«.* Ein Zitat darf nicht so gekürzt werden, dass die Aussage verfälscht wird.
- Zitate dürfen nicht verändert werden, das heißt, Rechtschreibung und Zeichensetzung der Vorlage werden übernommen. Wenn ein Zitat grammatisch nicht passend in den eigenen Satz eingefügt werden kann, darf man den Kasus ändern, muss aber die Änderung kennzeichnen: *Camille verweist auf die »geniale[n] Grimassen«.*
- Manche Zitate müssen durch ein erklärendes Wort erläutert werden. *»Er zieht [= Danton] ein Gesicht, als solle es versteinern [...]«.*
- Zitate in Zitaten werden durch einfache Anführungszeichen gekennzeichnet. *»Briest war schon bei der dritten Zigarette, sah sehr wohl aus und erklärte, ›nichts bekomme einem so gut wie eine Hochzeit, natürlich die eigene ausgenommen‹.«*
- Jedes Zitat wird mit einem Hinweis auf den Fundort in runden Klammern beendet. Notiert werden die Seiten-, Zeilen- oder Versangaben. *»Das ist auch ein weites Feld.«* (S. 127, Z. 31).

Regeln für sinngemäßes Zitieren

- Wenn man die Gedanken oder Aussagen anderer wiedergibt, hebt man dies durch eine einleitende Formulierung hervor: *Nach der Meinung Klemperers ... Der Autor betont, dass ... Im Unterschied zu meiner Ansicht vertritt der Autor die Meinung, dass ... Ich unterstütze die These Enzensbergers ...*
- Für die Wiedergabe der Gedanken oder Aussagen anderer wird die indirekte Rede verwendet. *Robespierre geht davon aus, dass das Volk seine Feinde opfere.*
- Sinngemäße Zitate werden wie wörtliche Zitate mit einem Seitenverweis (und dem Zusatz *vgl.*) auf die Textstelle beendet.

Epische Texte

Grundwissen

Der Begriff »Epik« geht zurück auf den griechischen Begriff »epos«, der das »Gesagte«, das »Berichtete« oder die »Erzählung« bedeutet. Ein epischer Text erzählt eine Geschichte. Vermittelt wird das Geschehen oder die Handlung durch einen Erzähler innerhalb einer bestimmten Zeit.

Erzähler Der Erzähler nimmt eine **Erzählhaltung** gegenüber dem Erzählten ein und verdeutlicht so seine Einstellung. Er kann z. B. affirmativ, einfühlend, ironisch, kritisch, satirisch den Eindruck einer großen inneren Beteiligung und Zustimmung erwecken oder gleichgültig, distanziert erzählen.
Im Rahmen seiner Erzählhaltung nimmt der Erzähler eine **Erzählperspektive** ein, die zwischen der *Außenperspektive* (Darstellung des äußeren Erscheinungsbilds einer Figur und ihrer von außen wahrnehmbaren Handlungen) und der *Innenperspektive* (Darstellung der inneren Gedanken und Gefühle einer Figur) unterschieden wird.
Im Einklang mit der Haltung ist oft der **Erzählstandort**: Denn der Erzähler kann sich räumlich wie zeitlich nah oder fern und damit beteiligt oder distanziert zum Geschehen positionieren.
Erzählformen: Man unterscheidet zwischen verschiedenen Erzählformen, der *Ich-Form*, bei der ein Ich-Erzähler von sich erzählt, oder der *Er-* bzw. *Sie-Form*, bei der er von anderen spricht.
In Bezug zur Erzählhaltung und zum Erzählstandort steht das **Erzählverhalten** (oder auch die **Erzählweise**), das in drei Arten differenziert werden kann.
- Beim *auktorialen Erzählverhalten* steht der Erzähler allwissend über dem Geschehen, das er kommentiert, reflektiert, bewertet und/oder durch Vorausdeutungen sowie Rückblenden unterbricht.
- Beim *personalen Erzählverhalten* nimmt der Erzähler sich zurück und erzählt eingeschränkt aus dem subjektiven Blickwinkel einer Figur.
- Das *neutrale Erzählverhalten* ist durch einen distanzierten Erzähler gekennzeichnet, der weder aus der Sicht einer Figur noch von einer allwissenden Position aus das Geschehen erzählt und so den Anschein von Objektivität erweckt.

Redeformen Erzählende Texte leben von der Art und Weise, wie geredet wird. Dabei können sich Erzähler und Figuren mittels unterschiedlicher Redeformen ausdrücken. Der Erzähler kommt in der **Erzählerrede** zu Wort, wenn er einen Erzählerkommentar, Erzählerbericht oder eine Beschreibung abgibt. Er tritt auch in der **indirekten Figurenrede** auf, wenn er oft im Konjunktiv und dadurch distanziert Gesagtes oder Gedachtes wiedergibt.

Unter der **direkten Figurenrede** versteht man Dialoge, die dem Text einen dramatischen Akzent verleihen und den Leser in das Geschehen miteinbeziehen, während der Erzähler hinter die Figuren zurücktritt.

Eine Mischung von direkter und indirekter Rede liegt in der **erlebten Rede** vor, wenn die Gedanken einer Figur aus der Innensicht und in der Regel in der 3. Person Singular Präteritum wiedergeben werden. Im **inneren Monolog** überlässt der Erzähler der Figur das Feld, die unmittelbar, wie in einem Selbstgespräch, in der 1. Person Singular Präsens ihre Gedanken äußert. Wenn dabei eine Zeitdehnung vorliegt, syntaktische Regeln wegfallen und eine Konzentration auf die Psyche, Träume und Gefühle der Figur geschieht, spricht man von einem **Bewusstseinsstrom** bzw. **stream of consciousness**.

Figuren Zentral für jede Geschichte sind die Figuren, die durch den Erzähler und andere Figuren charakterisiert werden, indem etwa ihr Äußeres und ihre Gedanken beschrieben, ihre Beziehungen zu anderen Personen dargestellt sowie ihr Handeln vor dem Hintergrund bestimmter Situationen thematisiert werden. In diesem Zusammenhang spielt die **Figurenkonzeption** eine wichtige Rolle, denn eine Figur kann sich innerhalb der Geschichte wandeln oder ihren Einstellungen und Verhaltensweisen treu bleiben. Des Weiteren kann eine Figur einem bestimmten Typ oder Charakter entsprechen und individuell konzipiert sein.

Innerhalb eines erzählenden Textes gehen Figuren Beziehungen mit anderen Figuren ein. Die **Figurenkonstellation** erweist sich oft als wesentlich für die Handlung, weil aus ihr der zentrale inhaltliche Konflikt resultiert, der sich aus der Art der Beziehung der Figuren zueinander ergibt und oft Liebe, Alter, Verwandtschaft, Bildung, berufliche Stellung, Herkunft, sozialen Status, Wert- bzw. Normorientierung betrifft. Außerdem ist die kompositorische Konstellation der Figuren von Bedeutung, da *Parallelfiguren* und *Kontrastfiguren* bewusst eingesetzt werden.

Raum Die Figuren treten in Räumen oder an Orten auf, wobei die Gestaltung derselben äußerst unterschiedlich ausfallen kann. In einigen Erzähltexten werden die Orte präzise und umfassend beschrieben, während sie in anderen völlig in den Hintergrund treten. Die Räume, auch wenn sie in der Realität aufgesucht werden können, sind wie die Figuren stets fiktionalisiert. Sie dienen dazu, eine Atmosphäre oder ein soziales Umfeld zu erzeugen. Die Räume sind oft in Bezug zu den äußeren sowie inneren Handlungen und Stimmungen der Figuren zu setzen. So kann ein Schloss, ein Park, ein Gefängnis, aber auch das Wetter, die inneren Gefühle der Figuren widerspiegeln oder konterkarieren.

Zeit Die **Erzählzeit**, also die Dauer, die man zum (Vor-)Lesen des Textes benötigt, kann der **erzählten Zeit**, also der Dauer des Geschehens bzw. der Handlung, entsprechen (*zeitdeckendes Erzählen*), sie überschreiten (*zeitdehnendes Erzählen*) oder unterbieten (*zeitraffendes Erzählen*).

Die Linearität des Erzählens kann durch **Vorausdeutungen** (durch die Andeutung möglicher Ereignisse) und **Rückblenden** (Erklärungen des Geschehens durch Vergangenes) des Erzählers unterbrochen werden.

Das **Erzähltempus** ist in der Regel das Präteritum.

Leitmotiv Ein wichtiges Wiedererkennungsmoment für erzählende Texte sind Leitmotive. Wie bei der Filmmusik Melodien so werden in der Literatur sich wiederholende Merkmale – wie Farben, Stimmungen, Symbole, Redewendungen, Wörter – einer Figur, einem Ort, einer Handlung, einem Konflikt oder einer Stimmung zugeordnet und strukturieren so die Handlung und treiben sie voran.

Epische Formen Die meisten Geschichten lassen sich epischen Formen zuordnen, wobei mit der Form oftmals strukturelle Vorgaben der Inhalte verbunden sind, wie leicht an den verschiedenen Romanformen (*Abenteuer-, Bildungs-, Frauen-, Familien-, Initiations-, Trivial-, Zeitroman, experimenteller, historischer* bzw. *psychologischer Roman*), aber auch an den Bezeichnungen für die epischen Kurz- oder Kleinformen *(Anekdote, Erzählung, Fabel, Gleichnis, Parabel, Kürzestgeschichte, Kurzgeschichte, Legende, Märchen, Novelle, Parodie, Sage, Satire, Witz)* zu erkennen ist. Allerdings sind nicht immer die Texte eindeutig den genannten Formen zuzuordnen, da sie oft weder trennscharf zueinander noch einheitlich sind.

Epische Kurzformen konzentrieren sich meistens auf ein Thema, einen Aspekt, während der Roman als epische Großform versucht, sein Thema umfassend zu behandeln.

Epische Texte erschließen

Erste Begegnung mit dem Text

- Die Aufgabenstellung und den Text genau lesen.
- Unverständliche oder auffällige Textstellen markieren; den Text in Abschnitte gliedern.
- Die ersten Eindrücke notieren und das Thema des Textes erfassen.
- Eine Interpretationshypothese formulieren.

Analyse des Textes als Vorbereitung für die Interpretation

- Zum Beispiel ein Ideennetz, eine Mindmap oder eine Analyse- und Interpretationsskizze anlegen und sich Notizen zu den jeweiligen Aspekten der Analyse machen.
- Bezüge zwischen den inhaltlichen, formalen und sprachlichen Aspekten herstellen.
- Gegebenenfalls einen Textauszug in einen größeren Textzusammenhang einordnen.

Erstellen einer Gliederung und Ausformulierung einer Interpretation

Je nach Anlage der Interpretation kann die Gliederung

- **linear**, dem Ablauf des Textes folgen oder
- **aspektorientiert**, d. h. an inhaltlichen und formalen Schwerpunkten ausgerichtet sein:

Einleitung

- Angaben zu äußeren Textmerkmalen: Textsorte, Titel, Autor/-in, Entstehungszeit/-ort
- evtl. Epochenzugehörigkeit
- Benennung des Themas
- evtl. knappe Inhaltsangabe
- Formulierung des ersten Eindrucks als Ausgangspunkt für die weitere Deutung (Interpretationshypothese)

Hauptteil

Detaillierte Analyse und Interpretation des Textes/Textauszugs, bei der alle relevanten Untersuchungsaspekte interpretiert und dargestellt werden:

- inhaltlich: Figurenkonzeption und -konstellation; Handlungsverlauf, Konfliktpotenzial, (Leit-)Motive; Gestaltung von Raum und Zeit
- formal: Erzählform (Ich-Form ...); Erzählverhalten (auktorial, personal, neutral); Erzählperspektive (Innensicht–Außensicht); Redeformen (Figurenrede; innerer Monolog ...)
- sprachlich: Wortwahl, Satzbau, Bildlichkeit, rhetorische Mittel

Schluss

- Zusammenfassung der Ergebnisse mit Rückbezug auf die Aufgabenstellung und die Interpretationshypothese
- Wirkung: Rezeption des Autors/der Autorin
- ggf. Vergleich mit anderen Texten (des Autors/anderer Autoren aus der Zeit)
- evtl. eigene Rezeption/Gegenwartsbezug

Kurzprosa analysieren und interpretieren

Aufgabenstellung zum analytischen Interpretationsaufsatz
Analysieren und interpretieren Sie die Kurzgeschichte »Applaus für ein Pferd« von Thomas Hürlimann. – Achten Sie dabei auf die Verknüpfung der formalen und sprachlichen Mittel mit dem Gehalt bzw. der Aussage des Textes.

Applaus für ein Pferd (1992) Thomas Hürlimann

Es hatte geregnet und geschneit, nun graute der Abend, ein Abend im März, aber hier oben, im Fraecktal, waren die Winde kalt, die Nebel feucht und der einsame Wanderer, der zum Pass hin und nach Süden strebte, war ein Komödiendichter, den die Kritik wenige Tage zuvor übel verrissen hatte. Er stapfte vor sich hin, stets und ständig an seine Niederlage denkend, an die Buhschreier und die hämisch grinsenden Freunde, er ballte die Faust und schüttelte den Kopf, er war fest entschlossen, mit dem Dichten aufzuhören für immer.

Plötzlich ein Pfiff, im nahen Sägewerk setzte das Fräsen und Schrillen aus, dann kamen Arbeiter von allen Seiten auf den Vorplatz, stellten sich zu einem Halbkreis in die Reihe und begannen zu applaudieren. Was war da los? Gleichzeitig hatte einer von ihnen ein Grammofon aufgebaut, kurbelt – OH MEIN PAPA schepperte es in die nasskalte Dämmerung hinaus.

»Das ist ja unglaublich!«, entfuhr es dem Komödiendichter.

Ein Wiehern, und jetzt, wahrhaftig, tänzelte aus einem dunklen Verschlag ein Schimmel hervor, der Applaus schwoll an, »Bravo!«, schrien die Sägewerksarbeiter, »Bravissimo!«, und in der Arena, die ihren Halbkreis bildete, trabte der Schimmel, schnobernd vor Stolz, seine Runden.

O MEIN PAPA WAR EINE WUNDERBARE CLOWN, O MEIN PAPA WAR EINE GROSSE KINSTLER, sang es laut und wackelig, die Sägewerksarbeiter klatschten im Takt und der Schimmel, nachdem er einen Knicks angedeutet hatte, stolzierte aus der Arena, zurück in seinen Verschlag.

Der Applaus verebbte; alle lauschten gespannt und einer mit glatzigem Schädel, offenbar der Vormann, schlich an die Tür, dann gab er ein Zeichen, »er frisst!«, rief er gedämpft. Da lösten die Sägewerksarbeiter den Halbkreis auf, nickten dem Vormann einen Gruß zu und kletterten in einen Kastenwagen, der sie nach Fraeck hinunterbrachte, in ihre Baracken.

Der Komödiendichter ging auf den Vormann zu, gab ihm die Hand und erfuhr diese Geschichte:

Im letzten Herbst war ein kleiner Zirkus talauf gekommen, ein Traktor mit zwei Wagen, von einem blauschnäuzigen Direttore gesteuert. Sie wollten über den Pass, aber die Straße ist steil, der Traktor war alt, er puffte, knatterte, alles, was gehen konnte, musste ausgeladen werden – die Nonna, ein siamesisches Zwillingspaar, ein uralter Löwe und der wiehernde Lippizaner. Indes hatte der Schneefall eingesetzt, Wind und Nebel stäubten, und der Direttore, gestikulierend und heulend, war plötzlich entschlossen, seinen über alles geliebten Neapolitano, den Lippizaner, für ein paar Tage im Sägewerk unterzustellen.

Der Zirkus verschwand im Geflocke. Tags darauf brachte ein Wanderer die Nachricht, man habe den Direttore auf der anderen Seite des Passes, vermutlich an der Zollstation, verhaftet. Der Lippizaner schien es zu wittern. Er legte sich in die Streu, er fraß nicht mehr, er wollte sterben.

»Neapolitano«, erklärte der Vormann, »ist ein Künstler. Ihm hat der Zirkus gefehlt, die Luft zum Atmen. Also haben wir das Grammofon installiert und den Platz mit Sägemehl überstreut. Er frisst kein Gnadenbrot, verstehen Sie? Er will auftreten. Er will seine Runden drehen und die Musik hören und den Jubel der Zuschauer.«

Indes hatte sich der Vormann dem Verschlag genähert, der Lippizaner sah kurz auf, dann fraß er weiter, mit mahlendem Kiefer. Der Vormann tätschelte seine Kruppe. Dann goss er sich einen großen Schnaps in die Kehle. »Er braucht Applaus«, sagte er noch, »den geben wir ihm.«

»Und Ihre Leute machen Abend für Abend mit, ohne zu murren?«

»Klar«, meinte der Vormann, »sonst frisst er ja nicht.«

Der Trichter des Grammofons stand als große, finstere Blume in der Nacht. Da die Platte immer noch kreiste, ließ sie ein Rauschen hören, ein heiseres Singen. Im Verschlag glomm eine Funzel auf, der Vormann begann seinen Lippizaner zu striegeln und der Komödiendichter schritt lachend bergan.

Vorarbeiten

Erster Schritt: Den Text genau lesen und erste Eindrücke notieren

Beispiele:
- Figuren in der Erzählung haben keine Namen: Komödiendichter, Arbeiter ...
- Ein (Zirkus-)Pferd ist Hauptfigur (vgl. Überschrift), das den Applaus braucht ...
- Wortfeld »Zirkus«: Applaus, applaudieren, Grammofonmelodie ...
- Zusammenhang zwischen »Kunst« und »Fressen« ...

...

1. Füllen Sie die Notizen aus Ihrer Sicht weiter auf.

Zweiter Schritt: Eine Interpretationshypothese formulieren

Beispiel:
In der Kurzgeschichte »Applaus für eine Pferd« von Thomas Hürlimann geht es um einen Komödiendichter, dem aufgrund der Kritik das Lachen vergangen ist ...

2. Prüfen Sie die Interpretationshypothese: Ergänzen Sie sie eventuell oder entwerfen Sie eine eigene.

Dritter Schritt: Den Text nach Form und Sprache untersuchen

Beispiele:
Aufbau (Der Text lässt sich in fünf »Szenen« gliedern.)
1. Wanderung des Komödiendichters zum Pass nach Süden (eine Art Exposition): Er ist ganz und gar mit seiner Situation befasst, will nicht mehr Komödien dichten.
2. Er wird mit einem Schauspiel/einer Szene konfrontiert, die den Komödiendichter staunen lässt: Auftritt des Zirkuspferdes vor einer applaudierenden Arbeiterschaft, die seinetwegen angetreten ist.

...

Erzählweise
- unmittelbarer Erzählanfang ...
- als innere Gliederung kann man eine Dreiteilung festhalten: Erzählerbericht ...

...

Sprache
- Atmosphäre von Winterlichkeit, Kälte, Abgeschiedenheit ...
- Kontraste: von Kälte und Kargheit der Natur (»hier oben, im Fraecktal« Z. 1f.) und Menschlichkeit gegenüber dem Schimmel ...
- Schlüsselbegriffe: Applaus: Überschrift, »applaudieren« (Z. 10)

...

3. Vervollständigen Sie die Vorschläge zum Aufbau, zur Erzählweise und Sprache.

Vierter Schritt: Eine Gliederung erstellen

Beispiel:

I. Einleitung

1. Titel, Autor, Erscheinungsjahr ...
2. Knappe Wiedergabe des Inhalts ...
3. Interpretationshypothese ...

II. Hauptteil

Die Hypothese durch aspektorientierte Textuntersuchung und Interpretation überprüfen:

1. Aufbau der Kurzgeschichte ...
2. Erzählweise ...
3. Kontraste als zentrales Gestaltungsmittel ...
4. Künstler-Sein ...

...

III. Schluss

Zusammenfassung der Ergebnisse

4. Prüfen Sie den Gliederungsvorschlag und nutzen Sie ihn eventuell für Ihre eigene Gliederung, indem Sie ihn ergänzen. – Schreiben Sie den Interpretationsaufsatz anhand Ihrer detaillierten Vorarbeiten.

Lösungsmöglichkeiten

Zum ersten Schritt (S. 20):
- Figuren in der Erzählung haben keine Namen: Komödiendichter als einsamer Wanderer; Arbeiter, Vormann. Nur das Pferd hat eine Identität: ein Lippizaner namens Neapolitano. Pferd ist Hauptfigur: vgl. Überschrift; seine Geschichte.
- Pferd ist ein Zirkuspferd, das den Applaus braucht, um zu existieren (vgl. Z. 23: »er frisst!« / Z. 50: »sonst frisst er ja nicht«); Pferd »ist ein Künstler« (Z. 41).
- Wortfeld »Zirkus«: Applaus, applaudieren, Grammophonmelodie (vgl. »war eine große Künstler«), Arena, Pferd trabt seine Runden, deutet Knicks an, stolziert aus der Arena; Applaus verebbt, Zirkus besteht aus einem Traktor mit zwei Wagen: ein blauschnäuziger Direttore, ein siamesisches Zwillingspaar, ein uralter Löwe, der wiehernde Lippizaner Neapolitano → Wanderzirkus, der bei Schneefall über die Alpen nach Italien will.
- Zusammenhang zwischen »Kunst« und »Fressen« (d. h. Kunst muss auch ernähren, darf nicht brotlos sein) sowie zwischen Komödiendichter und Zirkuspferd.
- Komödiendichter am Anfang: voller Zorn über den Verriss (»ständig an seine Niederlage denkend«, Z. 4 f.) – am Ende: hat seinen Humor wiedergefunden (»schritt lachend bergan«, Z. 54).
- Arbeiter spielen eine Komödie, d. h. sie täuschen eine Zirkusszene vor.
- Geschichte in der Geschichte (Rahmen mit dem Komödiendichter, darin eingebettet das Erlebnis mit dem Zirkuspferd).

Zum zweiten Schritt (S. 20):
In der Kurzgeschichte »Applaus für eine Pferd« von Thomas Hürlimann geht es um einen Komödiendichter, dem durch die Kritik das Lachen vergangen ist. Auf seiner Flucht in den Süden erlebt er eine komödiantische Szene, über die er lachen muss. Sein Konflikt hat sich gelöst.

Zum dritten Schritt (S. 20):
Aufbau (Der Text lässt sich in fünf »Szenen« gliedern.)
1. Wanderung des erbosten Komödiendichters zum Pass nach Süden (eine Art Exposition): Er ist ganz und gar mit seiner Situation befasst, will nicht mehr Komödien dichten.
2. Er wird mit einem Schauspiel / einer Szene konfrontiert, die den Komödiendichter staunen lässt: Auftritt des Zirkuspferdes vor einer applaudierenden Arbeiterschaft, die seinetwegen angetreten ist.
3. Rückblick: Vormann erzählt dem Komödiendichter die Geschichte des Zirkuspferdes, die fast tragisch geendet wäre.
4. Rettung des Pferdes durch Kunst, wenn auch nur zum Schein.
5. Der Komödiendichter kann jetzt lachend seine Wanderung fortsetzen. Erste und letzte Szene bilden einen Rahmen.

Erzählweise
Der Text ist eine Kurzgeschichte: Er hat einen offenen Anfang sowie ein offenes Ende und bietet nur einen kurzen Geschehensausschnitt, in dem der Leser die Vorgeschichte des Komödiendichters und die des Pferdes erfährt. Bis auf den Anfang und das Ende dominiert eine szenische Darstellung, auch mit Dialogen. Das unwahrscheinliche Erlebnis bewirkt bei dem Komödiendichter einen Stimmungsumschlag von Resignation und Wut hin zur Heiterkeit.

Als innere Gliederung kann man eine Dreiteilung festhalten:
- Erzählerbericht: Einführung in das Geschehen, Nennung des Komödiendichters und seines Gemützustandes sowie des Ortes; Ankunft des Komödiendichters
- Szenische Erzählweise der Zirkusszene: personale Erzählweise aus der Sicht des Komödiendichters; Komödiendichter wohnt einer Zirkusszene bei.
- Erzählerbericht: Komödiendichter zieht weiter.

Sprache
- Atmosphäre von Winterlichkeit, Kälte, Abgeschiedenheit: »es hatte geregnet und geschneit« (Z. 1), »waren die Winde kalt, die Nebel kalt« (Z. 2). »Schneefall« (Z. 33), »Wind und Nebel« (Z. 34) führen den Wanderzirkus ins Unglück.
- Kontraste: von Kälte und Kargheit der Natur (»hier oben, im Fraecktal« Z. 1f.) und Menschlichkeit gegenüber dem Schimmel (»Der Vormann tätschelte seine Kruppe.«, Z. 46); von Arbeitswelt und Zirkuswelt; von Realität und vorgetäuschtem schönen (?) Schein (vgl. Z. 41–50).
- Schlüsselbegriffe: Applaus (Überschrift), »applaudieren« (Z. 10), » der Applaus schwoll an« (Z. 15), »Er braucht Applaus« (Z. 47); Fressen: »er frisst!« (Z. 23), »Er frisst kein Gnadenbrot« (Z. 43), »sonst frisst er ja nicht« (Z. 50); Grammofon mit seiner Melodie: vgl. Z. 11, Z. 18f., Z. 41ff., Z. 51ff.

Zum vierten Schritt (S. 21):

I. Einleitung

1. Titel, Autor, Erscheinungsjahr sowie Nennung des Themas der Kurzgeschichte (z. B. Abhängigkeit des Künstlers von der Gunst des Publikums)
2. Knappe Wiedergabe des Inhalts der Kurzgeschichte
3. Interpretationshypothese

II. Hauptteil

Die Hypothese durch aspektorientierte Textuntersuchung und Interpretation überprüfen:

1. Aufbau der Kurzgeschichte in fünf »Szenen«
2. Erzählhaltung (z. B. Erzählerbericht im ersten und letzten Abschnitt sowie personale Erzählweise im Mittelteil); szenisches Erzählen: der Leser wird wie der Komödiendichter zum Zuschauer

3. Kontraste als zentrales Gestaltungsmittel (z. B. Ernst und Spiel, Schein und Sein, Lebenshärte und Menschlichkeit)
4. Künstler-Sein (z. B. Parallele zwischen Pferd und Komödiendichter) und die Rolle des Publikums (z. B. Applaus und Buhschreier)
5. Wende von lächerlichem Verhalten zur Heiterkeit
6. Sprachliche Gestaltung (z. B. Mittel der Ironie, dichte atmosphärische Beschreibung, Verwendung von Leitmotiven wie Applaus, Grammofon, Künstler, Fressen)

III. Schluss

Zusammenfassung der Ergebnisse

1. Text als Kurzgeschichte mit szenischem Charakter
2. Text als Beispielgeschichte (Komödiendichter wird eine Lektion erteilt)

Formulierungsvorschläge zu dem analytischen Interpretationsaufsatz (Hauptteil)

(...)

Thema der Kurzgeschichte ist die Abhängigkeit des Künstlers von der Gunst des Publikums. Während der zurückgelassene Lippizaner in einer armseligen Umgebung tagtäglich »Applaus« bekommt für die Runden, die er vor den Arbeitern dreht (»trabte der Schimmel, schnobernd vor Stolz, seine Runden«, Z. 16 f.), hat der Komödiendichter seitens seines Publikums nur Schmähworte für seine Kunst erfahren (»den die Kritik wenige Tage zuvor übel verrissen hatte«, Z. 3 f.).

Es zeigt sich hier eine doppelte Ironie: Das Pferd, konditioniert nach einer bestimmten Melodie seine Runden zu traben, wird von den Arbeitern als »Künstler« gesehen, der gepflegt werden muss: »der Vormann begann seinen Lippizaner zu striegeln«, Z. 53 f.). Man baut ihm tagtäglich den Schein einer Zirkuswelt auf, zu dem sich alle Arbeiter pünktlich »ohne zu murren« (Z. 49) versammeln. Es hat den Anschein, als wenn der Lippizaner, dieses zurückgelassene Pferd, für die Arbeiter eine Kostbarkeit ist, für den sie gern ihre Arbeit stehen und liegen lassen.

Die Ironie dahinter ist, dass die Zirkuswelt nur vorgetäuscht wird mit der Melodie aus einem alten Grammofon, etwas Sägemehl und einer Arena gebildet aus der Runde der Arbeiter (vgl. Z. 42 f.). Doch für diese ist die Welt des Scheins Kunst, die sie mit fast andächtigem Ernst feiern: »Der Applaus verebbte; alle lauschten gespannt und einer [...] schlich an die Tür, dann gab er ein Zeichen, ›er frisst!‹, rief er gedämpft.« (Z. 22 ff.). Das Pferd als »Künstler« (Z. 41) braucht die Kunst, um zu »fressen«, d. h. um zu existieren, es braucht die »[Zirkus]luft zum Atmen«, (Z. 42).

Der Komödiendichter, der mit der Kritik nicht umgehen kann und sich anfangs wie ein bockiger Junge aufführt, wirkt in seiner distanzlosen Haltung lächerlich. Sein Selbstmitleid und sein fast kindlicher Zorn auf die Kritiker wird ironisch beschrieben: »er ballte die Faust und schüttelte den Kopf, er war fest entschlossen, mit dem Dichten aufzuhören für immer.« (Z. 6 f.). Die expressive Gestik, sein Entschluss, nicht mehr zu dichten »für immer« machen ihn zu einer komischen Figur – deshalb wohl auch

die Bezeichnung »der Komödiendichter«, die durchweg verwendet wird.
Das Ereignis in dieser kargen abgeschiedenen Natur, das ihn erst zum Staunen bringt (»›Das ist ja unglaublich!‹, entfuhr es dem Komödiendichter«, Z. 13) und ihn dann neugierig auf die Geschichte macht, führt zu einer Kehrtwende. Wie jede wahre Komödie, die das Publikum als solche durchschaut, muss er lachen. Und damit hat er Abstand zu sich selbst gewonnen: »und der Komödiendichter schritt lachend bergan.« (Z. 54).
(...)

Einen Romanauszug analysieren und interpretieren

Aufgabenstellung zum analytischen Interpretationsaufsatz
Interpretieren Sie diesen Romanauszug.
- Achten Sie besonders auf die Beziehung Walter Fabers zu den anderen Personen.
- Wie stellt Faber sich selbst dar?

Homo faber (1957) Max Frisch *Text in originärer Rechtschreibung*

Erste Station (Auszug)

Eines Morgens, als ich mit dem Baptist frühstücke, setzt Sabeth sich an unsern Tisch, was mich aufrichtig freut, Sabeth in ihren schwarzen Cowboy-Hosen. Ringsum gibt es leere Tische genug, ich meine, falls das Mädchen mich nicht leiden könnte. Es freut mich aufrichtig. Sie reden vom Louvre in Paris, den ich nicht kenne, und ich schäle unterdessen meinen Apfel. Ihr Englisch läuft ganz famos. Wieder die Verblüffung, wie jung sie ist! Man fragt sich dann, ob man selber je so jung gewesen ist. Ihre Ansichten! Ein Mensch, der den Louvre nicht kennt, weil er sich nichts draus macht, das gibt es einfach nicht; Sabeth meint, ich mache mich bloß lustig über sie. Dabei ist es der Baptist, der sich lustig macht über mich.

»Mister Faber is an engineer« – sagt er –

Was mich aufregt, sind keineswegs seine blöden Witze über die Ingenieure, sondern seine Flirterei mit dem jungen Mädchen, das nicht seinetwegen an unseren Tisch gekommen ist, seine Hand, die er auf ihren Arm legt, dann auf ihre Schulter, dann wieder auf ihren Arm, seine fleischige Hand. Wozu faßt er das Mädchen immer an! Bloß weil er ein Kenner des Louvre ist.

»Listen«, sagt er immer, »listen!«

Sabeth:

»Yes, I'm listening –«

Dabei hat er gar nichts zu sagen, der Baptist, es geht ihm mit seinem ganzen Louvre bloß darum, das Mädchen anfassen zu können, so eine Altherren-Manier, dazu sein Lächeln über mich.

»Go on«, sagt er zu mir, »go on!«

Ich stehe auf dem Standpunkt, daß der Beruf des Technikers, der mit den Tatsachen fertig wird, immerhin ein männlicher Beruf ist, wenn nicht der einzigmännliche überhaupt; ich stelle fest, daß wir uns auf einem Schiff befinden, somit auf einem Werk der Technik –

»True«, sagt er, »very true!«

Dabei hält er ihren Arm die ganze Zeit, tut gespannt und aufmerksam, bloß um den Arm des Mädchens nicht loslassen zu müssen.

»Go on«, sagt er, »go on!«

Das Mädchen will mich unterstützen und bringt das Gespräch, da ich die Skulpturen im Louvre nicht kenne, auf meinen Roboter; ich habe aber keine Lust, davon zu sprechen, und sagte lediglich, daß Skulpturen und Derartiges nichts anderes sind (für mich) als Vorfahren des Roboters. Die Primitiven versuchten den Tod zu annullieren, indem sie den Menschenleib abbilden – wir, indem wir den Menschenleib ersetzen. Technik statt Mystik!

Zum Glück kam Mister Lewin.

Als sich herausstellt, daß auch Mister Lewin noch nie im Louvre gewesen ist, wechselt das Tischgespräch, Gottseidank, Mister Lewin hat gestern den Maschinenraum unsres Schiffes besichtigt – das führt zu einem Doppelgespräch: Baptist und Sabeth reden weiterhin über van Gogh, Lewin und ich reden über Dieselmotoren, wobei ich, obschon in Dieselmotoren interessiert, das Mädchen nicht aus den Augen lasse; sie hört dem Baptisten ganz aufmerksam zu, während sie seine Hand nimmt, um sie neben sich auf den Tisch zu legen, wie eine Serviette.

»Why do you laugh?« fragt er mich.

Ich lache einfach.

»Van Gogh is the most intelligent fellow of his time«, sagt er mir, »have you ever read his letters?«

Dazu Sabeth:

»Er weiß wirklich sehr viel.«

Sobald wir, Mister Lewin und ich, von Elektrizität sprechen, weiß er aber auch nichts, unser Baptist und Hahn im Korb, sondern schält auch seinen Apfel und schweigt vor sich hin. Schließlich redet man über Israel.

Vorarbeiten

Erster Schritt: Den Text genau lesen, wichtige Textstellen markieren

1. Lesen Sie den Text sorgfältig durch und markieren Sie Textstellen, die Ihnen aufgefallen sind oder die Ihnen für Ihr Verständnis des Textes wichtig erscheinen.

Zweiter Schritt: Eine Interpretationshypothese formulieren

Beispiel:
Walter Faber versucht, in seiner Schreibsituation (nachträgliche Tagebucheinträge) sich Rechenschaft über die Anfänge der Beziehung zu Sabeth zu geben ...

2. Gegebenenfalls ergänzen Sie die Interpretationshypothese oder formulieren eine eigene.

Dritter Schritt: Eine Analyseskizze anfertigen

Beispiele:

Faber – Sabeth

Inhalt	Sprachliche Mittel (und Textbelege)
Fabers Verliebtheit: – Platzwahl Sabeths	
– Signalelemente der Kleidung	
– Fabers innere Anteilnahme in der Situation des Tagebuchschreibens	
– seine Erleichterung, dass Sabeth nicht auf die »Anmache« des Baptisten eingeht, und seine Deutung, sie suche ihn zu unterstützen	
Fabers Fremdheitserfahrung: – Sabeths Jugend	
– Sabeths Kunstbegeisterung	
– Mischung aus Bewunderung und Distanz	

Faber – Baptist

Inhalt	Sprachliche Mittel (und Textbelege)
Fabers Eifersucht: – Baptist als Kunstkenner	
– Unterlegenheitsgefühl	
Fabers Mittel der Selbstbehauptung: – Herabsetzung der Person des Baptist	
– Ironie als Mittel der Selbstbehauptung	
– Lachen als gelingende Selbstbehauptung	

Faber – Mister Lewin

Inhalt	Sprachliche Mittel (und Textbelege)
Mister Lewin für Faber die Rettung aus der angespannten Situation	
Unfähigkeit Fabers zur inneren Entspannung	
Aber: Fabers Entkommen aus der isolierten Position durch Mister Lewin	

3. Füllen Sie die Tabellen gemäß der Vorgaben (sprachliche Mittel und Textbelege) nach diesem Muster weiter auf.

Vierter Schritt: Eine Gliederung anlegen

Beispiel:

A. Einleitung
Knappe Skizzierung der Beziehung Faber – Ivy

B. Hauptteil
I. Faber – Sabeth
1. Fabers Verliebtheit (Freude über Sabeths Platzwahl, Detailreichtum der Beobachtungen, Eifersucht, präsentisches Erzählen)
2. Elemente der Fremdheit (Jugend, Kunstinteresse)
3. Versuche, die Verliebtheit und die fatalen Folgen herunterzuspielen und eigene Verantwortung zu leugnen (Sabeth als Agierende)

II. Faber – Baptist
...

III. Faber – Mister Lewin
...

IV. Fabers Selbstdarstellung
...

C. Schluss
Ausweitung der Problematik anhand der Bildnisthematik

4. Notieren Sie sich Aspekte zur Einleitung und zum Schluss. Ergänzen Sie den Hauptteil um die Aspekte »Faber – Baptist«, »Faber – Mister Lewin« und »Fabers Selbstdarstellung«. (Orientieren Sie sich allgemein an den Punkten I.1 – I.3 beim Aspekt Faber – Sabeth.)

Aufgabenstellung zu einem produktiven Interpretationsaufsatz*

Stellen Sie sich vor, Mister Lewin wäre – von den drei anderen unbemerkt – Augen- und Ohrenzeuge der Gesprächsteile gewesen, an denen er nicht selbst teilgenommen hat. Nachts in seiner Kabine macht er sich Notizen in sein Tagebuch über das gemeinsame Frühstück mit den Dreien; die Person Fabers hat sein Interesse geweckt und deshalb versucht er, in den Notizen ein Bild dieser Person festzuhalten. – Schreiben Sie die Tagebuchnotizen.

* In der Abiturprüfung einiger Bundesländer ist das produktive Interpretieren ein Teil der Aufgabenstellung.

Lösungsmöglichkeiten

Zum zweiten Schritt (S. 28):

Walter Faber versucht, in seiner Schreibsituation (nachträgliche Tagebucheinträge) sich Rechenschaft über die Anfänge der Beziehung zu Sabeth zu geben. Rechenschaft heißt für ihn vor allem Selbstentschuldigung.

Zum dritten Schritt (S. 28):

Faber – Sabeth

Inhalt	Sprachliche Mittel (und Textbelege)
Fabers Verliebtheit: – Sabeths Platzwahl	Wiederholung der aufrichtigen Freude, beim zweiten Mal als kurzer Hauptsatz (vgl. Z. 3 f.); Ausgestaltung der Situation: leere Tische
– Signalelemente der Kleidung	Betonung der schwarzen Cowboy-Hosen durch Nachsatz
– Fabers innere Anteilnahme in der Situation des Tagebuchschreibens	präsentisches Erzählen
– seine Erleichterung, dass Sabeth nicht auf die »Anmache« des Baptisten eingeht, und seine Deutung, sie suche ihn zu unterstützen	– im Nachsatz »wie eine Serviette« (Z. 44) – Detailliertheit der Beschreibung dieser Situation: Fabers Auskosten (»das Mädchen will mich unterstützen«, Z. 31; »sie hört dem Baptisten ganz aufmerksam zu«, Z. 42 f.; »Ich lache einfach«, Z. 46)
Fabers Fremdheitserfahrung: – Sabeths Jugend	unpersönliches »Man« (Z. 6); Ausrufezeichen hinter »wie jung sie ist« (Z. 5 f.)
– Sabeths Kunstbegeisterung	– Ausrufezeichen hinter »Ansichten« (Z. 6 f.) – Wiedergabe von Sabeths Ansichten zunächst im Konjunktiv (»Sabeth meint, ich mache mich bloß lustig über sie.«, Z. 8, nicht in der direkten Rede, zeigt seine innere Anteilnahme und Bewunderung) – innere Anteilnahme noch verstärkt durch Indikativwendungen (»nicht kennt« (z. 7), »gibt es einfach nicht«, Z. 7 f.)
– Mischung aus Bewunderung und Distanz	Schachtelsatz und Klammerzusatz zeigen Distanz (vgl. Z. 31 ff.)

Faber – Baptist

Inhalt	Sprachliche Mittel (und Textbelege)
Fabers Eifersucht: – Baptist als Kunstkenner	Louvre und van Gogh als Gesprächsthemen
– Unterlegenheitsgefühl	– »Kunstgespräche« nur zwischen Sabeth und dem Baptist, ohne Beteiligung Fabers (»Sie reden vom ..., den ich nicht kenne«, Z. 4) – englische Zitate als Metapher für die Mehrschichtigkeit der aus Fabers Position heraus gestörten Kommunikation: • die Verwendung des Englischen als verfremdendes Element (bei Mister Lewin fehlt es; verstärkt durch die Situation des nachträglichen Tagebuchschreibens und Fabers Eifersucht [»Flirterei«, Z. 12]) • aber nicht als Unverständliches; es wird eher künstlich gesetzt (wie Fabers Technik-Mystik-Antinomie)
Fabers Mittel der Selbstbehauptung: – Herabsetzung der Person des Baptist	– »fleischige Hand« (Z. 14) als Metapher für unterstellte Lüsternheit – Detailliertheit der Beschreibung der Körperkontakte des Baptisten »seine Hand [...] Arm legt [...] ihre Schulter [...] wieder auf ihren Arm«, Z. 13 f.); Ausrufezeichen nach »Wozu [...] an!« (Z. 14 f.) »Altherren-Manier« (Z. 20) als Metapher; fehlender Eigenname
– Ironie als Mittel der Selbstbehauptung	»Hahn im Korb« (Z. 52) als Metapher: – für den Versuch der ironischen Distanzierung – für das Misslingen (Neid)
– Lachen als gelingende Selbstbehauptung	Betonung durch Verschiebung der Reihenfolge: zuerst die Reaktion des Baptist, dann die Aktion Fabers (»Why do you [...] lache einfach«, Z. 45 f.)

Faber – Mister Lewin

Inhalt	Sprachliche Mittel (und Textbelege)
Mister Lewin für Faber die Rettung aus der angespannten Situation	– Zahlenverhältnisse als Zeichen für die Entspannung: aus Dreierkonstellation werden zwei Paarungen mit je eigenem – eigentlich passenden – Thema: Parallelität der Satzkonstruktion (»Baptist und Sabeth [...] Dieselmotoren«, Z. 40 f.) – Verwendung des Eigennamens (keinen für den Baptisten)
Unfähigkeit Fabers zur inneren Entspannung	Unaufmerksamkeit Teil des Satzes über die Themen: Gleichzeitigkeit von äußerer Entspannung und Fortdauer der inneren Anspannung (»wobei ich ...«, Z. 41)
Aber: Fabers Entkommen aus der isolierten Position durch Mister Lewin	Motiv des Apfelschälens als Ersatz für Teilhabe an Kommunikation: zuerst Faber, dann auch der Baptist

Zum vierten Schritt (S. 30):

A. Einleitung

Knappe Skizzierung der Beziehung Faber – Ivy

B. Hauptteil

I. Faber – Sabeth
  1. Fabers Verliebtheit (Freude über Sabeths Platzwahl, Detailreichtum der Beobachtungen, Eifersucht, präsentisches Erzählen)
  2. Elemente der Fremdheit (Jugend, Kunstinteresse)
  3. Versuche, die Verliebtheit und die fatalen Folgen herunterzuspielen und eigene Verantwortung zu leugnen (Sabeth als Agierende)

II. Faber – Baptist
  1. Elemente, in denen Faber passiv bleiben muss
     a) Kunstgespräche
     b) »Anmache« des Baptisten
  2. Mittel der Selbstbehauptung Fabers
     a) Technik-Themen als sein Bereich in Abgrenzung zum Kunstbereich des Baptisten
     b) Ausweitung der Technik-Thematik auf anthropologische und gesellschaftliche Bereiche (z. B. »Tod«, monologischer Charakter, einfache Antinomien)
     c) persönliche Herabsetzung, gekoppelt mit Ironie (»Anmache« als Fabers Deutung, »Altherrenmanier«, »Hahn im Korb«, fehlender Eigenname)
  3. Frage nach dem Gelingen der Selbstbehauptungsstrategien
     a) das Weglegen der Hand durch Sabeth als persönlicher Sieg gedeutet
     b) Technik-Thematik nur in Statement-Form
     c) geringe Überzeugungskraft der Antinomien (Technik – Mystik usw.)

III. Faber – Mister Lewin
  1. Mister Lewin als Rettungsanker in einer Situation, die für Faber verfahren ist (Auflösung der Dreierkonstellation)
  2. Unfähigkeit Fabers zu konstruktivem Gespräch

IV. Fabers Selbstdarstellung
  1. Versuch, eine beobachtend-reflektierende Rolle einzunehmen
  2. Konterkarierung dieses Versuchs durch die Eifersucht

C. Schluss

Ausweitung der Problematik anhand der Bildnisthematik

Lyrische Texte

Grundwissen

Die Lyrik zählt zu den neben der Epik und der Dramatik zu den drei Hauptgattungen der Dichtung. Ein Gedicht kann man meistens an seiner äußeren Form erkennen. Es ist im Flattersatz gedruckt und seine Einteilung in Strophen und Verse ist augenfällig. Der Transfer von Inhalten in die besondere Form eines Gedichts führt zu einer sprachlichen Verdichtung. Deshalb ist es wichtig, Sprache und Form des Gedichtes zu untersuchen, um das Gedicht verstehen zu können: im Sinne des engen Bezugs von Sprache sowie Form und Inhalt/Gehalt. Für den Lyriker Gottfried Benn ist sogar die Form der höchste Inhalt. Bei der Analyse und Interpretation eines Gedichts sind folgende Elemente und Merkmale zu beachten:

Aufbau Die meisten Gedichte sind unterteilt in **Strophen** und **Verse**. Ein Vers entspricht einer Zeile in einem Gedicht. Mehrere zusammenhängende Verse ergeben eine Strophe. Strophen werden durch Leerzeilen voneinander getrennt. *Bildgedichte, visuelle* und *konkrete Poesie* können ohne Strophe und Verse auskommen.

Die Sinnzusammenhänge und Sätze in einem Gedicht können deckungsgleich mit den Versen verlaufen **(Zeilenstil)**. Geht ein Satz aber über das Versende hinaus, so liegt ein Zeilensprung **(Enjambement)** vor.

Reim Der Reim ist das typische Merkmal eines Gedichtes. Durch Reime erfährt das Gedicht eine starke Verdichtung, Nähe wird erzeugt und Zusammenhänge werden geschaffen. Ein fehlendes oder unterbrochenes Reimschema wirkt dann wie ein Stolperstein für den Leser. Ein Reim liegt vor, wenn die Laute von zwei oder mehr Wörtern übereinstimmen:
Stabreim, auch **Alliteration:** Wiederholung von Konsonanten oder Vokalen am Wortanfang *(frisch, fromm, fröhlich, frei)*
Endreim: Gleichklang zweier oder mehrerer Wörter vom letzten Vokal an *(Laus – Maus – raus – Haus)*. Ein unreiner Endreim liegt vor, wenn beim Gleichklang am Versende die Laute nur ähnlich, aber nicht identisch sind *(Tier – dafür)*.
Assonanz: Wiederholung gleichlautender Vokale *(Zug – Tuch – Hut)*
Binnenreim: Zwei oder mehr Wörter in einem Vers reimen sich.

Aus den Endreimen ergibt sich oft ein **Reimschema**, das durch Kleinbuchstaben gekennzeichnet wird: **Paarreim** (aabbcc ...), **Kreuzreim** (abab ...), **umarmender Reim** (abba), **Schweifreim** (aabccb ...).

Wichtig sind in diesem Zusammenhang auch die **Kadenzen**, die die Wirkung des Endreims unterstützen können. Man unterscheidet zwischen einer klingenden Kadenz mit betonter und unbetonter Silbe (auch: weiblicher Reim) oder einer stumpfen Kadenz mit betonter Silbe (auch: männlicher Reim).

Metrum Das Deutsche unterscheidet betonte Silben **(Hebung)** und unbetonte Silben **(Senkung)**. Einen regelmäßigen Wechsel von betonten und unbetonten Silben bezeichnet man als **Metrum** (Versmaß). Folgende Metren sind die häufigsten im Deutschen:

Trochäus: betont – unbetont. **x́ x**
Ohne Regung ruht das Meer (Goethe)

Jambus: unbetont – betont. **x x́**
Er ruft die Menschen an, die Götter (Schiller)

Daktylus: betont – unbetont – unbetont. **x́ x x**
Es rauschen die Wipfel und schauern (Eichendorff)

Anapäst: unbetont – unbetont – betont (äußerst selten) **x x x́**
Aus der Hand frisst der Herbst mir sein Blatt (Celan)

Versform Beim Jambus und Trochäus spricht man wegen des steten Wechsels von Hebung und Senkung vom **alternierenden Versmaß**. Aufgrund der Anzahl der Hebungen im Vers kann man die Versform genauer bestimmen. Folgende Versformen sind die bekanntesten:

Knittelvers: vierhebiger, unregelmäßiger Vers
Habe nun, ach! Philosophei,
Medizin und Juristerei (Goethe)

Blankvers: fünfhebiger Jambus ohne Reim. Typischer Vers des Dramas
Darf ich's mir deuten, wie es mir gefällt? (Kleist)

Alexandriner: sechshebiger Jambus mit einer Zäsur nach der dritten Hebung. Typus für den Barock.

Nicht immer muss ein Metrum vorliegen. Verse in **freien Rhythmen** sind ohne Reim und weisen kein festes Versmaß auf. Die Zeilenbrechung, das Enjambement, ist ihr wichtiges Gestaltungsmittel.

Lyrisches Ich In einem Gedicht findet man häufig einen **Sprecher**, der nicht mit dem Autor oder der Autorin gleichgesetzt werden darf.

Gedichtform Mit der Entscheidung für eine bestimmte Gedichtform werden oft zugleich bestimmte Wege vorgegeben, Gedanken und Inhalte zu verdichten. Deshalb kann es für eine Interpretation hilfreich sein, die Gedichtform zu klassifizieren und in die Deutung einzubeziehen. Folgende Gedichtformen sind die häufigsten:

Ballade: Eine in Versform (Lyrik) erzählte Geschichte (Epik) mit Dialogelementen (Drama). Sie vereint also alle drei poetischen Gattungen in sich.

Elegie: Ein Klagelied, bei dem seit der Antike Trauer, Schwermut und Sehnsucht die zentralen Themen sind.

Epigramm: Ein Sinngedicht, in dem seit der Antike eine Idee, eine Beobachtung, ein Einfall scharfsinnig, kurz und pointiert, manchmal satirisch formuliert wird. Im Unterschied zum *Aphorismus* wird das Epigramm in Reimform verfasst.

Hymnus/Hymne: Ursprünglich ein feierlicher Lob- und Preisgesang in der Kirchenliturgie. Seit dem Sturm und Drang löst sich die Hymne vom religiösen Gehalt und öffnet sich auch weltlichen Themen. Sie wird oft in freien Rhythmen verfasst.

Lied: Die Lieddichtung erfährt ihre Höhepunkte im *Minnesang* des Mittelalters und während der *Romantik* um 1800. Die (Volks-)Lieder weisen oft vierzeilige Strophen mit einem alternierenden Versmaß und einem Endreim mindestens zweier Verse auf.

Ode: Sie war ursprünglich ein Chorgesang im antiken Drama, in der Neuzeit kennzeichnet sich die Ode durch ein anspruchsvolles Thema mit feierlichem Inhalt, das stilistisch sehr kunstvoll innerhalb einer klaren strophischen Gliederung oft ohne Endreime gestaltet wird.

Sonett: Eine Gedichtform, die in der *Renaissance* entwickelt wird und vor allem im Barock beliebt ist. Das Sonett besteht aus 14 Verszeilen, die auf zwei *Quartette* (zwei Vierzeiler) und zwei *Terzette* (zwei Dreizeiler) verteilt werden. Oft harmoniert das Reimschema mit der Strophenform (z. B.: *abba abba cdc dcd*). Meistens korrespondieren die Inhalte mit den Strophen, indem im ersten Quartett in ein Thema eingeführt bzw. eine These aufgestellt wird, das im zweiten Quartett ausgestaltet, fortgeführt oder dem durch eine Gegenthese widersprochen wird, um dann in den Terzetten zu einem Abschluss, zu einer Lösung bzw. Synthese gebracht zu werden.

Visuelle/konkrete Poesie: Experimentelle Gedichtform, in der die Sprache selbst zum Inhalt und Zweck des Gedichts wird, in dem optische und/oder auch akustische Aspekte in den Vordergrund gestellt werden.

Lyrische Texte erschließen

Erste Begegnung mit dem Gedicht

- Die Aufgabenstellung und das Gedicht sehr genau lesen.
- Unverständliche oder auffallende Textstellen markieren.
- Den ersten Eindruck, die ersten Assoziationen notieren.
- Eine Interpretationshypothese formulieren.

Das Gedicht als Vorbereitung für die Interpretation analysieren

- Zum Beispiel ein Ideennetz, eine Mindmap oder eine Analyseskizze anlegen und sich Notizen zu einzelnen Aspekten der Gedichtanalyse machen.
- Bezüge zwischen den inhaltlichen, formalen und sprachlichen Aspekten herstellen.

Eine Gliederung erstellen und die Interpretation ausformulieren

Je nach Anlage der Interpretation kann die Gliederung

- **linear,** dem Gedichtablauf folgend oder
- **aspektorientiert,** d. h. an inhaltlichen und formalen Schwerpunkten ausgerichtet sein:

Einleitung

- Angaben zu äußeren Textmerkmalen: Textsorte, Titel, Autor/-in, Entstehungszeit/-ort
- evtl. Epochenzugehörigkeit
- Benennung des Themas
- evtl. knappe Inhaltsangabe
- Formulierung des ersten Eindrucks als Ausgangspunkt für die weitere Deutung (Interpretationshypothese)

Hauptteil

Detaillierte Analyse und Interpretation des Textes/Textauszugs, bei der alle relevanten Untersuchungsaspekte interpretiert und dargestellt werden:

- inhaltlich: lyrisches Ich (Wer spricht?), Stimmung, Leitmotiv ...
- formal: Vers, Metrum, Strophe, Reim, Rhythmus, Gedichtform ...
- sprachlich: Wortwahl, Satzbau, Bildlichkeit, rhetorische Mittel

Schluss

- Zusammenfassung der Ergebnisse mit Rückbezug auf die Aufgabenstellung und die Interpretationshypothese
- Wirkung: Rezeption des Autors/der Autorin
- ggf. Vergleich mit anderen Texten (des Autors/anderer Autoren aus der Zeit)
- evtl. eigene Rezeption/Gegenwartsbezug

Ein Gedicht analysieren und interpretieren

Aufgabenstellung zur Gedichtinterpretation
Interpretieren Sie das Gedicht *Der Spinnerin Nachtlied* von Clemens Brentano.

Der Spinnerin Nachtlied (1802) Clemens Brentano

Es sang vor langen Jahren
Wohl auch die Nachtigall,
Das war wohl süßer Schall,
Da wir zusammen waren.

Ich sing' und kann nicht weinen,
Und spinne so allein
Den Faden klar und rein
So lang der Mond wird scheinen.

Als wir zusammen waren
Da sang die Nachtigall
Nun mahnet mich ihr Schall
Dass du von mir gefahren.

So oft der Mond mag scheinen,
Denk' ich wohl dein allein,
Mein Herz ist klar und rein,
Gott wolle uns vereinen.

Seit du von mir gefahren,
Singt stets die Nachtigall,
Ich denk' bei ihrem Schall,
Wie wir zusammen waren.

Gott wolle uns vereinen
Hier spinn' ich so allein,
Der Mond scheint klar und rein,
Ich sing' und möchte weinen.

Vorarbeiten

Erster Schritt: Das Gedicht lesen, Textstellen markieren, Beobachtungen notieren

Beispiele:
- *akustische Wahrnehmung:* Musikalität: Wörter, a-Vokale und ei-Diphthonge, Klangwirkung auch durch Wortwiederholungen ...
- *Assoziationen/erste Beobachtungen:* sehnsuchtsvolle Grundstimmung; Situation → märchenhaft/unwirklich ...
- *Textmarkierungen:* Reim ... Reimwörter ... Wortwahl ...

1. Füllen Sie die Aspekte weiter auf.

Zweiter Schritt: Fragen an das Gedicht stellen

Beispiele:

- **Wer?** *Lyrisches Ich:* → Wer spricht? Auf welche Weise? Welches Verhältnis zwischen Ich und Welt? Welche Zeitdimension?
- **Was?** *Inhalt/Thema/Zeit:* → Situation: Verhältnis von Wirklichkeit und Traum? Sehnsucht als romantisches Motiv?
- **Wie?** *Aufbau/Form und Sprache:* → Reimfunktion? Zentrale Bilder? Welche Mittel verstärken die akustische Wirkung?

2. Ergänzen Sie gegebenenfalls weitere Fragen und Aspekte.

Dritter Schritt: Eine Interpretationshypothese formulieren

Beispiel:

Das im Volksliedton gehaltene Gedicht »Der Spinnerin Nachtlied« von Clemens Brentano stellt in Form eines Rollengedichtes die Situation eines verlassenen Mädchens dar, das sich an das Glück der Gemeinsamkeit erinnert und …

3. Erweitern Sie die Interpretationshypothese oder formulieren Sie eine eigene.

Vierter Schritt: Bezüge zwischen formalen, sprachlichen und inhaltlichen Aspekten herstellen

Beispiel:

Form und Sprache	**Inhalt/Gehalt**
Reim: (abba) und **Kadenz** (wmmw) Assonanzen	Musik ▸ dichterisches Prinzip der Romantik …
Strophenaufbau: Liedcharakter Verknüpfung der Strophen	unterstützt die Kreisbewegung des Spinnrads, wirkt wie …
Wortwahl: Spiel mit Wiederholungen	das in Gedanken …
Syntax: Tempus: Präsens – Präteritum	Zeitformen …
Motive/Bilder: – Mond im Wechsel mit Nachtigall – Spinnrad/Faden spinnen – Nacht	wirken als Gefühlsträger, wecken Empfindungen … zentrales Bild, das … …

4. Ergänzen Sie die Skizze. Erstellen Sie anhand Ihrer Vorarbeiten eine Gliederung und schreiben Sie den Interpretationsaufsatz.

Lösungsmöglichkeiten

Zum ersten Schritt (S. 38):
Akustische Wahrnehmung: Musikalität: Wörter mit a- und ei-Diphthongen, Klangwirkung auch durch Wortwiederholungen; gleichmäßiger, fließender Rhythmus; Monotonie
Assoziationen/erste Beobachtungen: sehnsuchtsvolle Grundstimmung; Situation → märchenhaft/unwirklich: traumhaft; Mädchen am Spinnrad; einfache Volksliedform ↔ kunstvolle Verschränkung der Verse; Autor: Clemens Brentano (1778–1842), Hochromantik, Heidelberg
Textmarkierungen: Reim: abba, cddc (durchgängig); Reimwörter: nur a-Vokal und ei-Diphthong; Assonanzen; Tempuswechsel (pro Strophe, innerhalb einer Strophe); Wortwahl: Wiederholung und Variation: »Nachtigall« (3x), »Schall« (3x), »Mond« (3x), »Faden«, »Herz«, »Gott« (2x); Titel! Wechsel: wir – ich – du; Wechsel: Präsens – Präteritum

Zum zweiten Schritt (S. 39):
Wer? Einsames Mädchen am Spinnrad: Rollengedicht; Monolog, Anrede eines imaginären Du; das Ich will das Lied der Vergangenheit zurückholen.
Was? Thema: unerfüllte oder verlorene Liebe; Bilder der Erinnerung, aus dem Inneren geholt, spiegeln Gemütszustand: Sehnsucht; Anliegen: Erzeugen einer Stimmung; Zeitdimensionen → aufgehoben; Verschmelzen von Traum und Wirklichkeit → eine ins unendliche gerichtete Sehnsucht
Wie? Motive/Bilder der Romantik: Nacht, Nachtigall, Spinnrad, Faden, Mond
Gesang (Mädchen und Nachtigall) → Eindruck des Fließens
Motiv des Singens vereint Vergangenheit und Gegenwart → Musik als dichterisches Motiv; Strophenform: Verknüpfung der Verse → Kreisbewegung des Spinnrads; Liedform: 3-hebiger Jambus → Spinnradbewegung; Tempus: Verschränkung von Präteritum und Präsens → Vereinigung und Trennung: aufgehoben

Zum dritten Schritt (S. 39):
Das im Volksliedton gehaltene Gedicht »Der Spinnerin Nachtlied« von Clemens Brentano stellt in Form eines Rollengedichtes die Situation eines verlassenen Mädchens dar, das sich an das Glück der Gemeinsamkeit erinnert und über den Verlust des Liebespartners klagt. Es bleibt ihr nur die religiöse Hoffnung auf eine Vereinigung mit dem Geliebten in der Zukunft. Das Gedicht wird beherrscht von sehnsuchtsvollem Erinnern, Warten, Klagen und Sehnen als Kreisbewegung, die keinen Anfang und kein Ende hat.

Zum vierten Schritt (S. 39):

Form und Sprache	**Inhalt/Gehalt**
Reim: abba **Kadenz:** wmmw Assonanzen	Musik → dichterisches Prinzip der Romantik, trägt zum klanglichen Eindruck bei
Strophenaufbau: Liedcharakter, Verknüpfung der Strophen Wiederholung einzelner Zeilen	unterstützt die Kreisbewegung des Spinnrades, wirkt wie das endlose Spinnen des Fadens
Wortwahl: Spiel mit Wiederholungen …	das in Gedanken wiederkehrende Leiden
Syntax: – Parataxen (Aussagesätze) – Tempus: Präsens – Präteritum	schlichte Thematik (Volksliedton): Erinnerung eines verlassenen Mädchens Zeitformen vermischen sich → Zeitstufen Vergangenheit u. Gegenwart fallen zusammen: Zeitlosigkeit
Motive/Bilder: – Mond im Wechsel mit Nachtigall – Spinnrad/Faden spinnen – Nacht	wirken als Gefühlsträger, rufen Empfindungen hervor Natur ruft Gefühle und Erinnerungen wach; Schein des Mondes und Töne von Klage sowie Sehnsucht wecken Erinnerung zentrales Bild, das für die kreisenden Gedanken des Mädchens steht, aber auch für das »Rad der Zeit«; die Bewegung des Spinnrades wird in den Sprachrhythmus und die Sprachmelodie umgesetzt Todessehnsucht? → Sehnsucht nach Einheit mit der Natur?

Formulierungsvorschlag für die Gedichtinterpretation (Hauptteil)

(…)

Beim ersten Lesen fällt der liedhafte Charakter des Gedichtes auf, der sich bereits im Titel »Nachtlied« andeutet und in der ersten Strophe mit dem Bild vom einsamen Mädchen am Spinnrad als Rollengedicht – einer beliebten Form der romantischen Epoche – weitergeführt wird. Der gleichmäßige Bau der vierversigen Strophen mit seinem durchgängigen dreihebigen Jambus gibt dem Gedicht einen gleitenden, fast gleichmäßigen Ton. Zwei Verse mit weiblicher Kadenz umschließen jeweils zwei Verse mit männlicher Kadenz. Die Assonanzen, die Häufung der a-Vokale und ei-Diphthonge, und die insgesamt nur vier Reimwörter erzeugen das Bild von der kreisenden Bewegung des Spinnrads.

Das lyrische Ich ruft die gemeinsame Vergangenheit (»wir«, V. 4) wach und bringt sie in Verbindung mit dem Gesang der Nachtigall, der als »süßer Schall« (V. 3) charakterisiert wird. Dem Präteritum in der ersten Strophe folgt das Präsens von »singen« in der zweiten Strophe. Die herausgehobene Stellung des Personalpronomens »Ich« (V. 5) unterstreicht die Einsamkeit, ebenso wie der Satz »Und spinne so allein« (V. 6). Das verlassene Mädchen singt nun selbst, um das alte Lied der Vergangenheit zurückzuholen. Die dritte Strophe führt die Zeitstufen Vergangenheit (»Da sang die Nachtigall«, V. 10) und Gegenwart (»Nun mahnet mich ihr Schall«, V. 11) zusammen: Gegenwart und Erinnerung sind hier so ineinander verwoben, dass der Eindruck vom Stillstehen der Zeit erweckt wird. Verstärkt wird das durch den Wechsel der Personalpronomen »ich«, »wir«, du« durch alle sechs Strophen hindurch.

Die Strophen drei bis sechs wiederholen und variieren das Erinnern und die Gegenwart, was in der Verknüpfung der Strophen noch einmal betont wird: die letzte Zeile der ersten Strophe »Da wir zusammen waren« (V. 4) wird – mit geringer Veränderung – die Anfangszeile der dritten »Als wir zusammen waren« (V. 9). Ebenso greifen die Strophen zwei und vier, drei und fünf sowie vier und sechs – mit dem religiösen Anklang zum Schluss – eng ineinander. Auf diese Weise vermischen sich Vergangenheit und Gegenwart mit der Sehnsucht nach Vereinigung in der Zukunft.

Die Bewegung des Spinnrades, der Gesang des Mädchens und der Nachtigall fügen sich zusammen zu einer klanglich-musikalischen Bewegung ohne Anfang und Ende.

Das Mond-Motiv taucht in den Strophen zwei, vier und sechs auf und ergänzt mit seinem reinen Licht somit im Wechsel das Nachtigall-Motiv. Die verwendeten Bilder fungieren als rein subjektive Gefühlsträger. Das wird z. B. in der inhaltlichen Gleichsetzung so unterschiedlicher Wörter wie »Faden« (V. 7), »Herz« (V. 15) und »Mond« (V. 23) durch die gleichen Adjektive »klar und rein« deutlich. Auch die wiederholt vorkommenden Wörter »Nachtigall«, »Schall«, »Herz«, »singen«, »weinen« und »allein« stehen nicht vorrangig in einem logischen Verhältnis zueinander, sondern sollen durch ihren Klang und ihre Kombination (»ich sing«, V. 5 – »Da sang«, V. 10) die Stimmung der Wehmut hervorrufen.

Die völlige Hingabe an das aus dem Inneren strömende Gefühl des lyrischen Ich beherrscht das Gedicht von Brentano. Das Lied der Spinnerin – es scheint endlos, dreht sich im Rhythmus des Spinnrades immer weiter und wird so zum Rad der Zeit.

Die kreisende Bewegung der Gedanken des Mädchens findet sich in der Gestaltung des Gedichtes wieder.

Zwei motivverwandte Gedichte vergleichen

Aufgabenstellung zur vergleichenden Gedichtinterpretation
Analysieren und Interpretieren Sie vergleichend Hermann Hesses Gedicht »Der Liebende« und Dagmar Nicks Gedicht »Früher«.

Der Liebende (1921) Hermann Hesse

Nun liegt dein Freund wach in der milden Nacht,
Noch warm von dir, noch voll von deinem Duft,
Von deinem Blick und Haar und Kuß – o Mitternacht,
O Mond und Stern und blaue Nebelluft!
In dich, Geliebte, steigt mein Traum
Tief wie in Meer, Gebirg und Kluft hinein,
Verspritzt in Brandung und verweht zu Schaum,
Ist Sonne, Wurzel, Tier,
Nur um bei dir,
Um nah bei dir zu sein.
Saturn kreist fern und Mond, ich seh sie nicht,
Seh nur in Blumenblässe dein Gesicht
Und lache still und weine trunken,
Nicht Glück, nicht Leid ist mehr,
Nur du, nur ich und du, versunken
Ins tiefe All, ins tiefe Meer,
Darein sind wir verloren,
Drin sterben wir und werden neu geboren.

Früher (1996) Dagmar Nick

Früher liebten wir uns
über dem Abgrund, wo anderntags
der Orientexpress von der Brücke
sprengte; die Wüsten Arabiens
durchrasten wir ohne Kompass und
kamen doch auf den erkorenen
Gipfel, betraten die Arche,
die keine Planken mehr hatte,
und kreuzten damit übers Meer;
bei der Ankunft im Hafen
der Albatrosse steckte der Frühling
uns an und wir phosphoreszierten[1]
mit den Hinterleibern der Leuchtkäfer
um die Wette; eine einzige
steingemeißelte Quetzalfeder[2]
genügte uns, abzuheben
von dieser Welt. Früher
liebten wir uns.

Worterklärung
1 *phosphoreszieren:* im Dunkeln nachleuchten
2 *Quetzalfeder:* Schmuckfeder eines mittelamerikanischen Vogels

Vorarbeiten

Erster Schritt: Das Gedicht lesen und Textstellen markieren

Beispiele:

Markierungen in Hesses Gedicht

Geliebte wird angesprochen (V. 1), überschwängliche Ausrufe (V. 3 f.), Liebestraum (V. 5–10), Suche nach intensiver Nähe der Geliebten (V. 9 f.): hier ganz kurze Verszeile und Wiederholung von »bei dir«, Vergleiche und Bilder aus dem Bereich der Natur, des Elementaren (V. 4–8). ...

Markierungen in Nicks Gedicht

Überschrift »Früher«: Tempus Präteritum, Rückblicke, Verben der raschen Bewegung (V. 4, 5, 6, 9, 11, 12, 16); Rahmenfunktion des ersten Verses (V. 1 und V. 18); Grenzerfahrungen (V. 2., 3, 4, 6–8, 11, 15); Schlüsselwort (V. 16) ...

1. Ergänzen Sie die Markierungen mit weiteren Textbelegen.

Zweiter Schritt: Notizen zu den Gedichten anfertigen

Beispiele:

Notizzettel zu Hesse	Notizzettel zu Nick
– hymnische Sprache – lyrisches Ich spricht die Geliebte an → vgl. Titel: »Der Liebende« – Ausgangssituation: ganz konkret nach einer Liebesnacht – totale Verschmelzung von Ich und Du, Natur und Mensch, Welt und Kosmos – ...	– Titel des Gedichts »Früher« → Liebe in der Vergangenheit / verlorene Liebe? – Wiederholung der Anfangs- und Schlusszeile → etwas endgültig Vergangenes? – lyrisches Ich erinnert → Tempus: Präteritum – Liebe war Abenteuer und ... – ...

2. Erweitern Sie die Notizen mit eigenen Beobachtungen.

Dritter Schritt: Eine Interpretationshypothese formulieren

Beispiele:

Interpretationshypothese zu Hesse

Das Gedicht kann als Feier einer erfüllten Liebe verstanden werden ...

Interpretationshypothese zu Nick

Nicks Gedicht spricht von der zeitlichen Bedingtheit einer Liebesbeziehung ...

3. Formulieren Sie gegebenenfalls eigene Interpretationshypothesen, in denen die jeweilige Vorstellung von Liebe thematisiert wird.

Vierter Schritt: Bildhafte Ausdrücke im Text finden

Beispiele:

Bildhafte Ausdrücke in Hesses Gedicht	Bildhafte Ausdrücke in Nicks Gedicht
– Vergleiche: »wie in Meer, Gebirg und Kluft«, »in Brandung«, »zu Schaum«, (V. 6–7) – Gleichsetzungen: Sonne, Wurzel, Tier ... (V. 8)	»über dem Abgrund« (V. 2) »der Orientexpress von der Brücke sprengte« (V. 3 f.) ...

4. Erweitern Sie die Angebote in der Tabelle aus Ihrer Sicht.

Fünfter Schritt: Eine Analyse- und Interpretationsskizze anlegen

Um den Vergleich zweier Gedichte vorzubereiten, empfiehlt es sich, in einer Skizze Unterschiede und Gemeinsamkeiten stichwortartig zusammenzufassen.

Beispiel:

Aspekte	Hesse	Nick	Vergleich
Sprecher	lyrisches Ich spricht die schlafende Geliebte nach einer Liebesnacht direkt an (Gegenwart) (Z. 1 f) ...	lyrisches Ich blickt zurück auf eine vergangene Liebe (Vergangenheit) (Titel; Z. 1) ...	→ Hesse: Liebe körperlich-sinnlich und geistig erfahren (Z. 2); ist gegenwärtig / → bei Nick hat die Liebe nur noch Erinnerungswert
Aufbau	18 Verse; unterschiedliche Länge mit wechselndem Reimschema ...	18 Verse von unterschiedlicher Länge, reimlos ...	→ in beiden Gedichten keine Unterteilung in Strophen; keine Entwicklung ...
Metrum/ Rhythmus	freier Rhythmus, hymnisches Sprechen; Intensität (vgl. Z. 9 /10: Wiederholung »um bei dir« / »um nah bei dir«) ...	freier Rhythmus, prosaisches Sprechen mit wechselnden Hebungen und Senkungen; Rhythmus drängend, etwas atemlos ...	→ Hesse: trotz freier Rhythmen eine Bindung durch Reime; Liebe ist eingebettet in Elementares, Natürliches ... → Nick: freie Rhythmen ohne Reimbindung; Liebe als etwas Flüchtiges ...
Reim			
Syntax			
Wortwahl			
Sprachliche Bilder			

5. Prüfen Sie, ob Sie die vorgestellten Aspekte übernehmen können und ergänzen Sie die Skizze um die Aspekte *Reim*, *Syntax*, *Wortwahl* und *sprachliche Bilder*.

Sechster Schritt: Eine Gliederung erstellen

Beispiel:
Einleitung
In einigen wenigen Sätzen wird – neben den speziellen Angaben zu Autor, Titel etc. – die Vergleichbarkeit der beiden Gedichte (gemeinsames Thema, Motivgestaltung, evtl. auch Form) skizziert, Gemeinsamkeiten und Unterschiede kurz umrissen (vgl. Interpretationshypothesen).

Hauptteil
Der Hauptteil befasst sich mit der Analyse und Interpretation der beiden Gedichte. Hier gibt es grundsätzlich **zwei Gliederungsmöglichkeiten**:

A	B
Interpretation und Vergleich werden *für jedes Gedicht getrennt geleistet*, was den Überblick erleichtert. Doch sollten Wiederholungen vermieden werden, z. B. bei der Einzelanalyse des zweiten Gedichts. Die Gefahr besteht darin, dass – häufig aus Zeitgründen – die Interpretation des zweiten Gedichts und der Vergleich zu knapp ausfallen.	Beide Gedichte werden unmittelbar und *aspektorientiert* miteinander in Bezug gesetzt. Der Vorteil ist, dass wesentliche Aspekte zur Sprache kommen, der Vergleich lebendiger gestaltet wird. Allerdings erfordert diese Vorgehensweise eine hohe Konzentration und Sicherheit im Umgang mit den Texten. Deshalb ist eine intensive Vorarbeit erforderlich.

Schluss
Rundet die Interpretation ab. Hier gibt es unterschiedliche Möglichkeiten: Zusammenfassung der Ergebnisse, möglicherweise die Einbeziehung epochentypischer Merkmale, falls dies nicht im Hauptteil geleistet wurde. Denkbar sind auch eine persönliche Stellungnahme bzw. ein ästhetisches Urteil, das subjektiv sein darf, allerdings begründet werden muss.

6. Erstellen Sie eine Gliederung zum Typ B. Konkretisieren Sie dabei die allgemeinen Hinweise durch kürzelhafte begriffliche Wendungen zu Einleitung, Hauptteil und Schluss, indem Sie Ihre Vorarbeiten berücksichtigen. – Schreiben Sie anschließend den Gedichtvergleich.

Lösungsmöglichkeiten

Zum ersten Schritt (S. 44):
Markierungen in Hesses Gedicht:
Geliebte wird angesprochen (V. 1), überschwängliche Ausrufe (V. 3 f.), Liebestraum (V. 5–10), Suche nach intensiver Nähe der Geliebten (V. 9 f.): hier ganz kurze Verszeile

und Wiederholung von »bei dir«, Vergleiche und Bilder aus dem Bereich der Natur, des Elementaren (V. 4–8). Im zweiten Teil (V. 11–18): Bedeutung der sich verschränkenden Personalpronomen »du« und »ich« (V. 11 u. 12 / V. 15), die zum »wir« (V. 17 u. 18) verschmelzen. Wechselndes lockeres Reimschema, Enjambements; Inversionen (V. 5 ff.), fließender Rhythmus, unterschiedliche Verslänge, drei syntaktische Einheiten, keine Strophen. Antithesen (V. 13); vorerst unverständlich: »Blumenblässe« (V. 12) und die beiden Schlusszeilen (V. 17/18)

Markierungen in Nicks Gedicht

Überschrift »Früher«: Tempus Präteritum, Rückblicke, Verben der raschen Bewegung (V. 4, 5, 6, 9, 11, 12, 16); Rahmenfunktion des ersten Verses (V. 1 und V. 18); Grenzerfahrungen (V. 2., 3, 4, 6–8, 11, 15); Schlüsselwort (V. 16); Rast- und Ruhelosigkeit in der Syntax durch Enjambement; Reihungen und Enjambements, exotisch klingende Wörter (V. 3,4, 11, 12, 15); Reimlosigkeit und keine Strophen

Zum zweiten Schritt (S. 44):

Notizzettel zu Hesse

- hymnische Sprache
- lyrisches Ich spricht die Geliebte an → vgl. Titel: »Der Liebende«
- Ausgangssituation: ganz konkret nach einer Liebesnacht
- totale Verschmelzung von Ich und Du, Natur und Mensch, Welt und Kosmos, Leben und Tod
- Gesamteindruck: etwas Dionysisches: Liebesintensität? Ekstase?
- Grenzen sind aufgehoben, Liebe zeitlos

Notizzettel zu Nick

- Titel des Gedichts »Früher« → Liebe in der Vergangenheit / verlorene Liebe?
- Wiederholung der Anfangs- und Schlusszeile → etwas endgültig Vergangenes?
- lyrisches Ich erinnert (Tempus: Präteritum)
- Liebe war Abenteuer und Grenzerfahrung, Rausch und Taumel
- Liebesintensität: dionysisch? Aber: Vergangenheit
- Liebe ist zeitlich bedingt, ist erfüllter Moment

Zum dritten Schritt (S. 44):

Interpretationshypothese zu Hesse

Das Gedicht kann als Feier einer erfüllten Liebe verstanden werden. Der Liebende spricht die vermutlich noch schlafende Geliebte an und schwelgt im Glück. Sein Gefühl umfasst Himmel und Erde, Glück und Unglück, Tod und Leben.

Interpretationshypothese zu Nick

In Nicks Gedicht wird von der zeitlichen Bedingtheit einer Liebesbeziehung gesprochen, die in der Vergangenheit liegt, völlig verrückt war (amour fou) und als grenzenlos erlebt wurde. Allerdings konnte dieser Extremzustand nicht von Dauer sein und musste scheitern.

Zum vierten Schritt (S. 45):

Bildhafte Ausdrücke zu Hesse

Vergleiche: »wie in Meer, Gebirg und Kluft«, »in Brandung«, »zu Schaum« (V. 6–7) Gleichsetzungen: »Sonne, Wurzel Tier« (V. 8). Dazu passt das Wortfeld des Kosmischen: »Saturn«, »Mond« (Z. 11), »tiefe All«, »tiefe Meer« (Z. 12) → bildhafte Sprache dem Natürlich-Elementaren entlehnt. Auffassung von Liebe: Liebe ist allumfassend und unendlich

Bildhafte Ausdrücke zu Nick

»über dem Abgrund« (V. 2), »der Orientexpress von der Brücke sprengte« (V. 3 f.), »die Wüsten Arabiens« (V. 4), »ohne Kompass« (V. 5), »betraten die Arche, die keine Planken mehr hatte« (V. 7 f.), »erkorene Gipfel« (V. 6 f.), die Arche, die keine Planken mehr hatte« (V. 7 f.), »mit den Hinterleibern der Leuchtkäfer« (V. 13), »steingemeißelte Quetzalfeder« (V. 15). → zeitliche Bedingtheit von Liebe: sie wird sinnlich und exaltiert erlebt, verglüht jedoch im Augenblick der Liebe

Zum fünften Schritt (S. 45):

Aspekte	Hesse	Nick	Vergleich
Sprecher	lyrisches Ich spricht die schlafende Geliebte nach einer Liebesnacht direkt an. (Gegenwart) (V. 1 f.)	lyrisches Ich blickt zurück auf eine vergangene Liebe (Vergangenheit) (Titel; V. 1) …	→ Hesse: Liebe körperlich-sinnlich und geistig erfahren (V. 2); ist gegenwärtig → bei Nick hat die Liebe nur noch Erinnerungswert
Aufbau	18 Verse; unterschiedliche Länge mit wechselndem Reimschema; Paarreim in den letzten beiden Versen (»verloren« – »neu geboren«) 3 Abschnitte: **1.** V. 1–4: konkrete Liebeserfahrung und Liebeseuphorie (vgl. Ausrufe: »O Mitternacht, O Mond und Stern und blaue Nebelluft!«) **2.** V. 5–10: Traumvorstellung **3.** V. 11–14: Liebe als Selbstentgrenzung und Selbstfindung	18 Verse von unterschiedlicher Länge, reimlos; bildhaftes Umkreisen der Liebe in 4 Aussagen, jeweils mit einem Semikolon abgetrennt; Klimax (V. 14–17): »abzuheben von dieser Welt« endet mit Punkt. Erster und letzter Vers bilden Rahmen: »Früher«, akzentuiert durch die Überschrift	→ in beiden Gedichten keine Unterteilung in Strophen; keine Entwicklung, sondern jeweils ein Zustand: – Hesse: Liebe ist einzigartig, umfassend, absolut – Nick: Liebe ist ein ekstatischer erfüllter Moment, allerdings vergänglich (»früher«)
Metrum/ Rhythmus	freier Rhythmus, hymnisches Sprechen; Intensität (vgl. V. 9/10: Wiederholung »um bei dir« / »um nah bei dir«), Reimbindungen sind locker, häufiger Kreuzreim (V. 1–7); zweimal Paarreim (V. 11/12 u. 14/15).	freier Rhythmus, prosaisches Sprechen mit wechselnden Hebungen und Senkungen; Rhythmus drängend, etwas atemlos	→ Hesse: trotz freier Rhythmen eine Bindung durch Reime; Liebe ist eingebettet in Elementares, Natürliches (vgl. Reimbindungen) → Nick: freie Rhythmen ohne Reimbindung; Liebe als etwas Flüchtiges, Ruheloses, Drängendes (vgl. Enjambements)

Reim	wechselnde Rede	reimlos	traditionelles versus modernes Gedicht
Syntax	syntaktische Spannungsbögen: **1.** V. 5–10: gipfelt in Wiederholung des Wunsches, der Geliebten nahe zu sein (V. 9 f.). **2.** V. 11–18: deutet die besondere Kraft der Liebe an, ich und du verschmelzen (V. 17 f.). Zeilenstil herrscht vor; abweichend davon: V. 15 f.; Inversionen (V. 3, 5–7; V. 8; V. 14) stark gefühlsbetont; Aufzählungen (V. 3 f.; V. 14; V. 16) mit Steigerung; Antithesen (besonders V. 16–18); Ausrufe (V. 3 f.)	syntaktisch eine Aneinanderreihung von langen gleichrangigen Sätzen (vgl. Semikolon in V. 4, V. 9, V. 12, V. 14), die durch die Konjunktion »und« verbunden sind (V. 1–17) getrennt. Davon abgesetzt die Anfangs- und Schlusszeile; keine Entwicklung, sondern jeweils Liebe als Grenzerfahrung; Enjambements (bis auf V. 9) unterstreichen die Atemlosigkeit	→ Einzigartigkeit der Liebe (Hesse), → Rast- und Ruhelosigkeit einer brüchigen Liebesbeziehung (Nick), gekennzeichnet durch die Reihung der prekären Liebessituationen (vgl. »über dem Abgrund«, V. 2)
Wortwahl	Verben der Ruhe und der Passivität (»liegt«, V. 1; »ist«, V. 9; »nah sein«, V. 10; »versunken«, V. 15; »verloren«, V. 17; »sterben«, V. 18; werden geboren«, V. 18) Wörter aus dem Bereich der Natur und des Elementaren: »Mitternacht / Mond / Stern / blaue Nebelluft / Meer, Gebirg und Kluft« usw. (durchgehend); poetische Sprache, passend zu dem Liebestraum (V. 5) (z. B. »Blumenblässe«, V. 12)	Verben der Bewegung; »sprengte« (V. 4), »durchrasten« (V. 5), »kreuzten« (V. 9); exotisch klingende Namen: »Wüste Arabiens« (V. 4), »Albatrosse« (V. 11), »Quetzalfeder« (V. 15)	→ Hesse: Intensität des Traums und die Einzigartigkeit der Geliebten; Liebe wird sinnlich und geistig erfahren. → Nick: Intensität eines Gefühls, das fast archaisch bzw. animalisch (Assoziation mit tierischer Balz) wirkt (»wir phosphoreszierten mit den Hinterleibern«, V. 12 f.); die Liebenden umkreisen sich im atemberaubenden Flug
Bildersprache	Vergleiche und Gleichsetzungen, dem Natürlich-Elementaren entlehnt (»tief wie im Meer, Gebirg und Kluft hinein«, V. 6; »Sonne, Wurzel, Tier«, V. 8; »in Blumenblässe« V. 12)	Bildsprache einer wilden Expedition in fremde Länder (»Orientexpress« V. 3; »die Wüsten Arabiens« V. 4; »Arche, die keine Planken mehr hatte«, V. 7 f.; »Albatrosse«, V. 11; »steingemeißelte Quetzalfeder«, V. 15); Vergleich mit Insekten und Vögeln (»Albatrosse«, V. 11; »Leuchtkäfer«, V. 13; »Quetzalfeder«, V. 15): allen gemeinsam ist der Flug und ein auffälliges Balzverhalten	→ Hesse: Intensität des Traums und die Einzigartigkeit der Geliebten; Liebe wird sinnlich und geistig erfahren. → Nick: Intensität eines Gefühls, das fast archaisch bzw. animalisch (Assoziation mit tierischer Balz) wirkt (»wir phosphoreszierten mit den Hinterleibern«, V. 12 f.); die Liebenden umkreisen sich im atemberaubenden Flug

Zum sechsten Schritt (S. 46):

Gliederungsvorschlag zum **Typ B**

I. Einleitung

erste Eindrücke zu den Gedichten; Formulierung der Interpretationshypothesen, das gemeinsame Thema: Liebe

1. Ähnlichkeiten: Aufbau, Anzahl der Verse und lyrischer Sprecher sowie die der Natur entlehnte Bildlichkeit
2. Interpretationshypothese: erfüllte Liebe (romantische Verherrlichung) vs. verlorene Liebe (Liebe als Wahnsinn: »amour fou«)

II. Hauptteil

detaillierter Vergleich der beiden Gedichte, aspektorientiert

1. Aspekt: gedanklicher Aufbau der beiden Gedichte verbunden mit Syntax und Wortwahl und Rhythmus
2. Aspekt: Bildersprache (Schwerpunkt der Interpretation): zentrale Motivik bei Hesse (Natürlich-Elementares) und zentrale Motivik bei Nick (Exotisch-Abenteuerliches)
3. Aspekt: formale Mittel, welche die Einzigartigkeit der Liebe (Hesse) bzw. die brüchige Liebesbeziehung (Nick) verdeutlichen

III. Schluss

Zusammenfassung der Ergebnisse mit Rückbezug auf die Interpretationshypothesen

1. unterschiedliche Liebeskonzepte
2. abschließende Reflexion: Liebe und Zeit

Formulierungsvorschläge zur vergleichenden Gedichtinterpretation

Einleitung

Die beiden Gedichte, Hesse »Der Liebende« und Nick »Früher«, verbindet das Thema »Liebe«. Auf den ersten Blick weisen beide Gedichte große Ähnlichkeiten auf, bedingt durch die gleiche Anzahl von Versen, die fehlende Einteilung in Strophen und die unterschiedlichen Verslängen. Beim genaueren Lesen zeigt sich, wie unterschiedlich jeweils Liebe empfunden und erfahren wird, obwohl beide Gedichte im 20. Jahrhundert entstanden sind. Während in Hesses Gedicht noch eine idealistische Vorstellung von Liebe zum Ausdruck kommt, wirkt Nicks Gedicht realistischer, da hier die zeitliche Bedingtheit einer ekstatischen und intensiv erlebten Liebesbeziehung thematisiert wird.

Hauptteil (B-Modell)

Die Intensität des Traums und die Bedeutung der Geliebten werden in Hesses Gedicht durch Vergleiche und Gleichsetzungen (V. 6–8) hervorgehoben, die dem Natürlich-Elementaren entlehnt sind und die Facetten der Liebesbeziehung sinnfällig machen (»Sonne, Wurzel, Tier«, V. 8). Während diese Liebe als zeitlos gegenwärtig erfahren wird (vgl. den durchgängigen Gebrauch des Präsens), ist in Nicks Gedicht die erinnerte Liebe gekennzeichnet durch das erregende Moment der Grenzerfahrung als Abenteuer (V. 2–9: »der Orientexpress von der Brücke / sprengte; die Wüsten Arabiens durchrasten wir ohne Kompass und/ kamen doch auf den erkorenen Gipfel«...) und als erotisches Verlangen (V. 1 ff. »liebten uns / über dem Abgrund« / V. 11 ff. »wir phosphoreszierten/ mit den Hinterleibern der Leuchtkäfer«).

Der Sprecher in Hesses Gedicht ist erfüllt von der Liebeserfahrung, die nach absoluter Vereinigung sucht (V. 9 f. »Nur um bei dir, / Um nah bei dir zu sein) und diese Sehnsucht in kosmischen Bildern (V. 11 »Saturn kreist fern und Mond«) und allumfassenden Gefühlsregungen (V. 13 »lache still und weine trunken«) ausdrückt. Die Verabsolutierung dieser Liebesbeziehung mündet in Bildern der Selbstentgrenzung und Selbstfindung (V. 15 f. »Nur ich und du, versunken / Ins tiefe All, ins tiefe Meer«).

Demgegenüber genügt den Liebenden in Nicks Gedicht ein einziges Zeichen (»Quetzalfeder«, V. 15), um »abzuheben / von dieser Welt« (V. 16 f.), was darauf hindeuten könnte, dass Spontaneität und Exaltiertheit mit Realitätsverlust einhergehen. Diese Liebe findet nicht zu einer dauerhaften Beziehung trotz erfüllter Momente, sie verglüht (vgl. Überschrift, erster und letzter Vers: »Früher liebten wir uns« und den durchgängigen Gebrauch des Präteritums).

Der Eindruck entsteht, dass in Hesses Gedicht die Vorstellung von Liebe für das lyrische Ich Allgemeingültigkeit hat und ein Ideal darstellt, während in Nicks Gedicht von einer Liebeserfahrung gesprochen wird, welche die Liebenden nur über einen begrenzten Zeitraum zu einem »wir« vereint (vgl. durchgängig die 1. Person Plural). Diese Liebe gleicht einem kurzfristigen Liebestaumel.

Schluss

Zusammenfassend kann man sagen, dass beide Gedichte von einer Liebe sprechen, die sehr intensiv erfahren wird und in einer der Natur entlehnten Bildlichkeit ihren Ausdruck findet. Doch genau hier zeigt sich auch der Unterschied. Während in Hesses Gedicht die bildhafte Sprache eher allumfassend die Liebe als etwas begreift, das alle Dimensionen zwischen Himmel und Erde umfasst, verweisen die Bilder in Nicks Gedicht in ihrer Konkretheit auf eine Welt, in der die Verweise eher auf extreme Erfahrungen sowie Brüchigkeiten in der Liebe hindeuten.

In Hesses Gedicht ist die Liebe idealisiert und wird gesehen als über den Tod hinaus und ewig existierend (vgl. letzter Vers »Drin sterben wir und werden neu geboren«), während es in Nicks Gedicht um eine Liebe »über dem Abgrund« geht, die rastlos von Augenblick zu Augenblick eilt und bei der es kein Verweilen gibt (vgl. V. 16 f. »abzuheben von dieser Welt«). Der Preis dafür ist Vergänglichkeit, sie war »früher«, da sie »dieser Welt« (V. 17) nicht standhalten kann.

Dramatische Texte

Grundwissen

Der Begriff *Drama* wird synonym mit Schauspiel, Spiel, Stück verwendet. Das griechische Wort »Drama« bedeutet übersetzt »Handlung« und verweist darauf, dass der Konflikt in einem Drama als Handlung auf der Bühne durch Gespräche und Aktionen aufgeführt wird. Auch wenn es unaufführbare Lesedramen gibt, so richtet sich das Spiel nicht an einen Leser oder Zuhörer, sondern an einen Zuschauer. Dramen werden oft in mehrere Akte unterteilt, die Akte wiederum bestehen aus mehreren Szenen bzw. Auftritten. Des Weiteren wird unterschieden zwischen einem **Haupttext**, der auf der Bühne gesprochen wird, und einem **Nebentext,** der die nicht gesprochenen Textteile wie Titel, Personenverzeichnis, Sprechernamen und Regieanweisungen umfasst.

Das klassische Drama Das klassische Drama geht auf den griechischen Philosophen Aristoteles (384–322 v. Chr.) zurück, der Regeln für die Dramenform aufstellte. Sie ist gekennzeichnet durch einen einheitlichen und geschlossenen Aufbau, zu der die
- *Einheit des Ortes* (die Handlung konzentriert sich auf einen Ort) und die
- *Einheit der Zeit* (die gespielte Zeit soll nicht länger als ein Tag sein und möglichst mit der Spielzeit übereinstimmen) gehören. Noch wichtiger für die Dramenautoren erwies sich die Vorgabe nach der
- *Einheit der Handlung,* die verlangte, dass die Handlung linear verläuft und sich auf einen Handlungsstrang konzentrieren soll.

Diese Forderung nach einer einheitlichen Handlung wurde von Gustav Freytag in seiner Technik des Dramas (1863) systematisch beschrieben:

1. Akt *Exposition:* Einführung in Hauptfiguren, Ort, Zeit und zentrale Motive
2. Akt *Steigende Handlung mit erregendem Moment:* Die Handlung kommt in Gang, es spitzen sich Interessenkonflikte zu, es entstehen Intrigen usw.
3. Akt *Höhepunkt/Peripetie:* Die Konflikte erreichen ihren Höhepunkt. Es kommt dabei zu einem Wendepunkt (Peripetie), der zum Erfolg oder Scheitern der Hauptfigur führt.
4. Akt *Fallende Handlung mit retardierendem Moment:* Vor dem endgültigen Untergang oder Rettung kommt es zu Verzögerungen (retardierenden Momenten), die die Spannung steigern.
5. Akt *Katastrophe* oder *Lösung des Konflikts*

Der Aufbau vieler Dramen entspricht diesem Schema. Bei Dreiaktern entfällt der 2. und 4. Akt.

Tragödie: Im Zentrum der Tragödie bzw. des Trauerspiels steht die unverschuldete Verstrickung des Menschen in einen Konflikt, der zu seinem Untergang führt. Bei dem Zuschauer löst das Schicksal der Figur Mitleid und Furcht aus, die nach Ende des Stückes eine reinigende Wirkung **(Katharsis)** bei ihm erzielen sollen. Eine Modernisierung erfuhr die Tragödie durch das **bürgerliche Trauerspiel**, das die *Ständeklausel* aufhob, nach der in Tragödien nur Angehörige des Hochadels (Könige, Fürsten) als Helden auftreten dürfen. Im bürgerlichen Trauerspiel der Aufklärung treten Personen des niederen Adels und des Bürgertums auf. Dadurch ändern sind Themen und Konflikte, die nun um Familie und Beziehungen sowie Moral und Ehre kreisen. Des Weiteren werden die bürgerlichen Trauerspiele in Prosa und nicht, wie bei der traditionellen Tragödie üblich, in Versen abgefasst.
Komödie: Im Unterschied zur Tragödie ist die Komödie bzw. das *Lustspiel* durch Komik und ein glückliches Ende gekennzeichnet. Eine Kombination aus Trauer- und Lustspiel stellt die **Tragikomödie** dar, die z. B. eine Tragödie mit einem glücklichen Ende sein kann und groteske und absurde Elemente in das Stück integriert.

Das moderne Drama Mit Beginn der »Moderne« um 1770 waren nicht mehr alle Autoren bereit, sich an die strengen Regeln des geschlossenen Dramas zu halten. Ab der Zeit des *Sturm und Drang* gaben einige Theaterdichter nicht nur die einengende Einheit von Ort und Zeit auf, sondern ließen auch verstärkt Neben- und Parallelhandlungen zu. Dadurch dass Szenen selbstständig wurden, löste sich die durch die Akte vorgebende einheitliche Struktur der Stücke auf. Die Stücke wurden offen.
Episches Theater: Mit der Dramaturgie des epischen Theaters löst Bertolt Brecht (1898–1956) die klassischen drei Einheiten des Ortes, der Zeit und der Handlung auf und verweigert dem Zuschauer die Möglichkeit, sich in das Schicksal der Hauptfigur einzufühlen und damit die Katharsis zu »genießen«. Durch *Verfremdungseffekte* versucht das epische Theater, eine kritische Distanz zwischen Zuschauern und Figuren aufzubauen und das Publikum zum Reflektieren anzuregen. Zu den Verfremdungseffekten gehören z. B. der sprunghafte szenische Aufbau des Stücks, das durch Lieder und Songs unterbrochen werden kann, die Verwendung von Bildern und Spruchbändern auf und vor der Bühne und die direkte Ansprache der Zuschauer.
Absurdes Theater: Zum absurden Theater gehören moderne Theaterstücke, die sich mit der Kommunikationslosigkeit, Vereinsamung, Sinnlosigkeit und Ausweglosigkeit des Menschen in der modernen Gesellschaft auseinandersetzen, ohne aber eine Lösung anzubieten. Die Stücke verzichten oft auf eine Konkretisierung des Raums und der Zeit; die Handlung wird auf ein Minimum reduziert.
Dokumentartheater: Beim Dokumentartheater werden die Bühnentexte mittels Montage und Collage aus Originaldokumenten erstellt. Auf diese Technik greifen Autoren wie Peter Weiss (1916–1982) zurück, um bei den Zuschauern eine Bewusstseinsänderung herbeizuführen.

Dramatische Texte erschließen

Erste Begegnung mit der Szene
- Die Aufgabenstellung und die Szene lesen.
- Unverständliche oder auffallende Textstellen markieren.
- Die Szene in Abschnitte gliedern.
- Den ersten Eindruck und Assoziationen notieren und das Thema der Szene erfassen.
- Eine Interpretationshypothese formulieren.

Analyse der Szene als Vorbereitung für die Interpretation
- Zum Beispiel ein Ideennetz, eine Mindmap oder eine Analyseskizze anlegen und sich Notizen zu inhaltlichen, formalen und sprachlichen Aspekten der Szene machen.

Inhaltliche Merkmale

Handlung
- Einen Überblick über das Drama geben. Was sind »plot« und zentrale Themen?
- Die zu untersuchende Szene in den Zusammenhang des Stücks einordnen.
- Den Inhalt der Szene kurz zusammenfassen.

Ort/Zeit
- Sich den Handlungsort vorstellen. (Spielt er eine besondere Rolle? Gibt es Ortswechsel?)
- Gibt es Hinweise auf den Zeitpunkt oder die Zeitdauer der Handlung?

Figuren und *Gesprächsverhalten*
- Welche Figuren treten in der Szene auf? Wie heißen sie? Wie ist die einzelne Figur in die Figurenkonstellation der Szene bzw. des gesamten Stücks eingebunden?
- In welcher Situation befinden sich die Figuren? Welche gesellschaftliche Rolle nehmen sie ein? Wie denken sie? (Welche Positionen und Haltungen nehmen sie ein?)
- Handelt es sich bei den Figuren eher um Charaktere oder Typen? Entwickeln oder verändern sie sich?
- Welche Konflikte bestimmen das Gesprächsverhalten?
- Was sagen die jeweiligen Redebeiträge über den Charakter der Figuren aus?
- Welche kommunikativen Strukturen oder argumentativen Strategien sind in den Dialogen erkennbar und welche Gesprächsphasen lassen sich unterscheiden? Wie sind die Redeanteile verteilt? Welche Figur ergreift die Initiative im Gespräch und welche Figur beendet es? Gibt es Tendenzen zur Monologisierung der Dialoge?
- Wie kann das Verhalten der Figuren und in diesem Zusammenhang der zentrale Konflikt bzw. das Thema des Stücks beurteilt werden?

Formale Merkmale
- Welche Dramenform (klassisch oder modern) liegt vor?
- Welche Bedeutung haben der Nebentext und die Requisiten?

Sprachliche Merkmale
- Werden auffällige Wortarten oder Wörter verwendet? Welche Auffälligkeiten im Satzbau gibt es? Was bewirken sie?
- Welche rhetorischen Mittel fallen auf? Welche Wirkungen werden durch sie erzielt?
- Auf welchem Sprachniveau entwickelt sich das Gespräch? Handelt es sich um eine gebundene oder eher freie und emotionale Sprache? Welchen Anteil hat die Sprache an der Charakterisierung der Figuren?
- Welche Sprechakte wählen die Figuren?

Erstellen einer Gliederung und Ausformulierung einer Interpretation
Je nach Anlage der Interpretation kann die Gliederung
- **linear,** dem Ablauf der Szene folgen oder
- **aspektorientiert,** d.h. an inhaltlichen, formalen und sprachlichen Aspekten ausgerichtet sein:

Einleitung
- Angaben zu äußeren Textmerkmalen: Textsorte, Titel, Autor/-in, Entstehungszeit/-ort
- evtl. Epochenzugehörigkeit
- Benennung des Themas
- evtl. knappe Inhaltsangabe
- Formulierung des ersten Eindrucks als Ausgangspunkt für die weitere Deutung (Interpretationshypothese)

Hauptteil
Detaillierte Analyse und Interpretation des Textes/Textauszugs, bei der alle relevanten Untersuchungsaspekte interpretiert und dargestellt werden:
- inhaltlich: Figurenkonzeption und -konstellation; Handlungsverlauf, Konfliktpotenzial, (Leit-)Motive; Gestaltung von Raum und Zeit
- formal: Regieanweisungen, Inszenierung, Szenenaufbau, Haupt- und Nebentext, Spannungsbogen
- sprachlich: Figurenrede, Sprechakte, Dialoganalyse; Wortwahl, Satzbau, rhetorische Mittel

Schluss
- Zusammenfassung der Ergebnisse mit Rückbezug auf die Aufgabenstellung und die Interpretationshypothese
- Wirkung: Rezeption des Autors/der Autorin
- ggf. Vergleich mit anderen Texten (des Autors/anderer Autoren aus der Zeit)
- evtl. eigene Rezeption/Gegenwartsbezug

Eine Dramenszene analysieren und interpretieren

Aufgabenstellung zum analytischen Interpretationsaufsatz

Interpretieren Sie diesen Szenenausschnitt.

- Untersuchen Sie die in der Szene beschriebene Situation des Volks. Achten Sie dabei auch auf die von Georg Büchner eingesetzten sprachlichen Mittel.
- Analysieren und bewerten Sie die Rolle Robespierres.

Dantons Tod (1835) Georg Büchner

1. Akt, 2. Szene (Auszug)

Eine Gasse

[...]

ERSTER BÜRGER[1] Was gibt's denn?

WEIB Seht ihr, ich saß da so auf dem Stein in der Sonne und wärmte mich seht ihr, denn wir haben kein Holz, seht ihr –

ZWEITER BÜRGER So nimm deines Mannes Nase.

WEIB Und meine Tochter war da hinuntergegangen um die Ecke, sie ist ein braves Mädchen[2] und ernährt ihre Eltern.

SIMON Ha, sie bekennt!

WEIB Du Judas. Hättest du nur ein Paar Hosen hinaufzuziehen, wenn die jungen Herren die Hosen nicht bei ihr herunterließen? Du Branntweinfass, willst du verdursten, wenn das Brünnlein zu laufen aufhört, he? Wir arbeiten mit allen Gliedern, warum denn nicht auch damit; ihre Mutter hat damit geschafft, wie sie zur Welt kam, und es hat ihr weh getan; kann sie für ihre Mutter nicht auch damit schaffen, he? Und tut's ihr auch weh dabei, he? Du Dummkopf!

SIMON Ha Lucretia[3]! ein Messer, gebt mir ein Messer, Römer[4]! Ha, Appius Claudius[5]!

ERSTER BÜRGER Ja, ein Messer, aber nicht für die arme Hure. Was tat sie? Nichts! Ihr Hunger hurt und bettelt. Ein Messer für die Leute, die das Fleisch unserer Weiber und Töchter kaufen. Weh über die, so mit den Töchtern des Volkes huren! Ihr habt Kollern im Leib und sie haben Magendrücken; ihr habt Löcher in den Jacken und sie haben warme Röcke; ihr habt Schwielen in den Fäusten und sie haben Samthände. Ergo[6], ihr arbeitet und sie tun nichts; ergo, ihr habt's erworben und sie haben's gestohlen; ergo, wenn ihr von eurem gestohlnen Eigentum ein paar Heller wiederhaben wollt, müsst ihr huren und betteln; ergo, sie sind Spitzbuben und man muss sie totschlagen!

DRITTER BÜRGER Sie haben kein Blut in den Adern, als was sie uns ausgesaugt haben. Sie haben uns gesagt: schlagt die Aristokraten tot, das sind Wölfe! Wir haben die Aristokraten an die Laternen gehängt. Sie haben gesagt: das Veto[7] frisst euer Brot; wir haben das Veto totgeschlagen[8]. Sie haben gesagt: die Girondisten[9] hungern euch aus; wir haben die Girondisten guillotiniert. Aber sie haben die Toten ausgezogen und wir laufen wie zuvor auf nackten Beinen und frieren. Wir wollen ihnen die Haut von den Schenkeln ziehen und uns Hosen daraus machen, wir wollen ihnen das Fett auslassen und unsere Suppen mit schmelzen. Fort! Totgeschlagen, wer kein Loch im Rock hat!

ERSTER BÜRGER Totgeschlagen, wer lesen und schreiben kann!

ZWEITER BÜRGER Totgeschlagen, wer auswärts geht[10]!

ALLE *(schreien)* Totgeschlagen! Totgeschlagen!

Einige schleppen einen jungen Menschen herbei.

EINIGE STIMMEN Er hat ein Schnupftuch! Ein Aristokrat! An die Laterne! An die Laterne!

ZWEITER BÜRGER. Was? Er schnäuzt sich die Nase nicht mit den Fingern? An die Laterne! *(Eine Laterne wird heruntergelassen.)*

JUNGER MENSCH Ach, meine Herren!

ZWEITER BÜRGER Es gibt hier keine Herren! An die Laterne!

EINIGE *(singen)*

Die da liegen in der Erden,
Von de Würm gefresse werden;
Besser hangen in der Luft,
Als verfaulen in der Gruft!

JUNGER MENSCH Erbarmen!

DRITTER BÜRGER Nur ein Spielen mit einer Hanflocke um den Hals! 's ist nur ein Augenblick, wir sind barmherziger als ihr. Unser Leben ist der Mord durch Arbeit; wir hängen sechzig Jahre lang am Strick und zappeln, aber wir werden uns losschneiden. An die Laterne!

JUNGER MENSCH Meinetwegen, ihr werdet deswegen nicht heller sehen!

DIE UMSTEHENDEN Bravo! Bravo!

EINIGE STIMMEN Lasst ihn laufen! *(Er entwischt.)*

Robespierre, tritt auf, begleitet von Weibern und Ohnehosen[11].

ROBESPIERRE Was gibt's da, Bürger?

DRITTER BÜRGER Was wird's geben? Die paar Tropfen Bluts vom August und September haben dem Volk die Backen nicht rot gemacht. Die Guillotine ist zu langsam. Wir brauchen einen Platzregen!

ERSTER BÜRGER Unsere Weiber und Kinder schreien nach Brot, wir wollen sie mit Aristokratenfleisch füttern. He! Totgeschlagen, wer kein Loch im Rock hat!

ALLE Totgeschlagen! Totgeschlagen!

ROBESPIERRE Im Namen des Gesetzes!

ERSTER BÜRGER. Was ist das Gesetz?

ROBESPIERRE Der Wille des Volks.

ERSTER BÜRGER Wir sind das Volk und wir wollen, dass kein Gesetz sei; ergo ist dieser Wille das Gesetz, ergo im Namen des Gesetzes gibt's kein Gesetz mehr, ergo totgeschlagen!

EINIGE STIMMEN Hört den Aristides[12], hört den Unbestechlichen[13]!

EIN WEIB Hört den Messias, der gesandt ist, zu wählen und zu richten; er wird die Bösen mit der Schärfe des Schwertes schlagen. Seine Augen sind die Augen der Wahl, seine Hände sind die Hände des Gerichts!

ROBESPIERRE Armes, tugendhaftes Volk! Du tust deine Pflicht, du opferst deine Feinde. Volk, du bist groß! Du offenbarst dich unter Blitzstrahlen und Donnerschlägen. Aber, Volk, deine Streiche dürfen deinen eignen Leib nicht verwunden; du mordest dich selbst in deinem Grimm. Du kannst nur durch deine eigne Kraft fallen, das wissen deine Feinde. Deine Gesetzgeber wachen, sie werden deine Hände führen; ihre Augen sind untrügbar, deine Hände sind unentrinnbar. Kommt mit zu den Jakobinern! Eure Brüder werden euch ihre Arme öffnen, wir werden ein Blutgericht über unsere Feinde halten.

VIELE STIMMEN Zu den Jakobinern! Es lebe Robespierre! *(Alle ab)*

[...]

Worterklärungen

1 *BÜRGER:* im Unterschied zu »Herren« revolutionär aktiver Teil der Bevölkerung (»Citoyens«)

2 *braves Mädchen:* hier im Sinne von »tüchtiges Mädchen«

3 *Lucretia:* Frau eines römischen Patriziers (Ende 6. Jh. v. Chr), tötete sich nach Vergewaltigung durch den Sohn des Königs Tarquinius Superbus; löste damit 509 v. Chr. die Vertreibung der Tarquinier und die Umwandlung Roms in eine Republik

4 *Römer:* Anspielung auf das häufige Römerpathos der Revolutionäre

5 *Appius Claudius:* römischer Patrizier, versuchte Virginia, die Tochter eines Plebejers, in seine Gewalt zu bringen; diese wurde, um das zu verhindern, von ihrem Vater erstochen

6 *ergo:* (lat.) also

7 *Veto:* polemische Bezeichnung für Ludwig XVI.; nach der Verfassung von 1791 hatte der König ein Vetorecht (Einspruchsrecht) gegen Gesetzesbeschlüsse der Nationalversammlung – ein Recht, das Ludwig XVI. häufig nutzte

8 *totgeschlagen:* 21. 01. 1793 Hinrichtung Ludwigs XVI.

9 *Girondisten:* zunächst Sammelbegriff für die Abgeordneten aus dem Departement Gironde; dann Bezeichnung für gemäßigte Fraktion unter den Revolutionären

10 *auswärts geht:* Gehen mit nach außen gerichteten Fußspitzen; galt als typisch für Adlige

11 *Ohnehosen:* deutsche Übersetzung für »Sansculottes« = solche, die keine (für den Adel charakteristische) Kniehosen trugen; wurde Bezeichnung für radikale revolutionäre Bewegung

12 *Aristides:* athenischer Politiker (530–467 v. Chr.); hatte den Beinamen »der Gerechte«

13 *Unbestechlichen:* Beiname für Robespierre; vor allem in den ersten Jahren der Revolution

Vorarbeiten

Erster Schritt: Den Text genau lesen und Unverständliches klären

1. Lesen Sie den Textauszug sorgfältig und vergewissern Sie sich, dass Sie ihn mit Hilfe der Worterläuterungen in allen Einzelheiten verstanden haben.

Zweiter Schritt: Eine Interpretationshypothese formulieren

Beispiel:
Zentraler Inhalt der Szene ist der Zusammenhang zwischen Hunger und Prostitution. Die Simons reagieren unterschiedlich auf die herrschende Not, alle anderen Figuren – bis auf Robespierre – hilflos.

2. Eventuell differenzieren Sie die Interpretationshypothese noch.

Dritter Schritt: Eine Analyse- und Interpretationsskizze anfertigen

Beispiel:
Materielle Not: Ursachenforschung und Beurteilung

Prostitution der Tochter

	Simon	seine Frau	die Bürger
Inhalt			
Sprachliche Mittel			
Funktion der sprachlichen Mittel			

	Robespierres Redebeiträge
Inhalt	
Sprachliche Mittel	
Funktion der sprachlichen Mittel	

3. Füllen Sie die Skizze nach diesem Muster auf.

Vierter Schritt: Eine Gliederung entwerfen

Beispiel:

A. Einleitung

I. Biografischer Kontext zur Entstehung des Dramas (Büchners Flucht aus Darmstadt; Notwendigkeit, in Straßburg sich den Lebensunterhalt zu verdienen)

II. Politisches Engagement (»Hessischer Landbote« als Ausweis von Büchners revolutionärer Gesinnung)

B. Hauptteil

I. Hilflosigkeit des Volkes angesichts des Hungers
  1. Figuren ohne gesellschaftspolitischen Horizont
     a) Simon: Flucht in Römer-Rhetorik und Pathos
     b) Simons Frau: Flucht in einen Realismus, der alles rechtfertigt, aber keinen Ausweg zeigt
  2. Figuren mit gesellschaftspolitischem Horizont
     a) Die drei Bürger: gesellschaftliche Machtstrukturen als Ursache für die herrschende Not und damit auch für die Prostitution der Tochter Simons
     b) einfaches Gewaltkonzept

II. Rolle Robespierres
  1. Robespierre wird vom Volk als Retter begrüßt
  2. Robespierre zeigt Gefahren des unreflektierten Gewaltkonzeptes auf
  3. Robespierre versucht, das Volk durch verbales Entgegenkommen auf seine Seite zu ziehen

III. Klimax der politischen Konzepte der handelnden Figuren

C. Schluss

I. »Dantons Tod« als Ventilierung der Frage nach richtigem oder falschem revolutionären Bewusstsein

II. Knapper Ausblick auf die Rollen Robespierres und Dantons im Drama

4. Reflektieren Sie den Gliederungsvorschlag. – Schreiben Sie anschließend den Interpretationsaufsatz.

Aufgabenstellung zu einem produktiven Interpretationsaufsatz*

Stellen Sie sich vor, der *junge Mensch* hätte der Szene von Anfang an beigewohnt und wäre – nach seinem Entkommen – noch in der Nähe geblieben, um Robespierres Auftreten mitzuerleben.
Später trifft er Freunde und erzählt ihnen die Geschehnisse; er bemüht sich dabei, die Simons, die Bürger und Robespierre möglichst genau zu charakterisieren und den politischen Gehalt ihrer Redebeiträge darzustellen.
Gestalten Sie den Dialog.

* In der Abiturprüfung einiger Bundesländer ist das produktive Interpretieren ein Teil der Aufgabenstellung.

Lösungsmöglichkeiten

Zum zweiten Schritt (S. 59):
Zentraler Inhalt der Szene ist der Zusammenhang zwischen Hunger und Prostitution. Die Simons reagieren unterschiedlich auf die herrschende Not, alle anderen Figuren – bis auf Robespierre – hilflos.

Bei den Simons findet sich keine Einsicht in gesellschaftspolitische Zusammenhänge, bei den Bürgern nur sehr holzschnittartige. Der *junge Mensch* steht symbolisch für die Tatsache, dass das einfache Gewaltkonzept der Bürger keine Lösung der Probleme bringt. Lediglich Robespierre – als Retter begrüßt – möchte politisch argumentieren. Mit Schmeicheleien und vagen Versprechungen gewinnt er das Vertrauen der Vertreter des Volkes.

Zum dritten und vierten Schritt (S. 59/60):

Formulierungsvorschläge zum analytischen Interpretationsaufsatz (Hauptteil)

Simon stellt sich dem Problem der Prostitution der Tochter nicht wirklich: Pathos (»Ha«, »gebt mir ein Messer, Römer!« / Ausrufezeichen, Z. 14) ersetzt das Argument, die Anspielungen auf Lucretia und Virginia (Mord/Selbstmord zur Verhinderung von Schande) stellen keinen Problemlösungsbeitrag dar.

Seine Frau (»Weib«) sieht den Sachverhalt realistischer: Sie bewertet ihn funktional, nicht moralisch (Prostitution der Tochter als überlebensnotwendig für die Familie), flüchtet sich aber auch in eine etwas verschrobene Argumentation (Beziehung Mutter – Tochter und die Funktion der Geschlechtsorgane). Sie verwendet eine sehr bildhafte Sprache (»wenn das Brünnlein zu laufen aufhört«; »Wir arbeiten mit allen Gliedern«, Z. 10 f.; (»ihre Mutter hat damit geschafft«, Z. 11), die die Sachverhalte nicht direkt ausspricht, aber auch keinen Zweifel an dem Gemeinten aufkommen lässt. Sie setzt sich ihrem Mann gegenüber in eine Position der Überlegenheit, die sie auch sprachlich zum Ausdruck bringt (rhetorische Fragen, Ausrufe [»Branntweinfass«, »willst du verdursten«, Z. 9 f.], Bibelvergleich [»Judas«, Z. 8]).

Die Bürger gehen einen Schritt weiter. Sie beschreiben nicht nur realistisch (»arme Hure«, Z. 15), sondern suchen nach Ursachen: Hunger als Grund für die Prostitution (»Ihr Hunger hurt und bettelt.«, Z. 16), die sozialen Unterschiede als Ursache für den Hunger (»ihr – sie«); hinzu tritt der Vorschlag für die Abhilfe: ein einfaches Gewaltkonzept (»totgeschlagen«, Z. 27; »mit Aristokratenfleisch füttern«, Z. 62). Die Primitivität dieses Konzeptes spiegelt sich in den sprachlichen Strukturen wider: in den Antithesen (»ihr« / »wir« – »sie«) und in den monokausalen Schlüssen (»ergo«, Z. 20 ff.). Hinzu tritt die Bildlichkeit, die geeignet ist, scheinbar einfache Sachverhalte auf eingängige Weise einer oberflächlichen Plausibilität zuzuführen (»Kollern«, – »Magendrücken«, Z. 18; »Schwielen – Samthände«, Z. 19 f.).

Robespierre hat von vornherein einen anderen Anspruch: Er argumentiert politischer (Volk – Gesetzgeber), aber manipulativ. Er gibt dem Volk in seinem Wollen Recht (»tugendhaftes Volk«, »du tust deine Pflicht«, Z. 74; »du bist groß«, Z. 75), zeigt aber die Gefahren eines unpolitischen Gewaltkonzeptes auf (»deine Streiche dürfen deinen eignen Leib nicht verwunden«; »du mordest dich selbst in deinem Grimm«, Z. 77). Er spricht also nicht gegen Gewalt, sondern für eine sinnvoll eingesetzte. Hier zeigt sich das Bild, das er von sich hat: Das Volk bleibt von sich aus in einer unmündigen Rolle, es benötigt die Konzepte der politischen Führung, um sich zu befreien (»Deine Gesetzgeber wachen, sie werden deine Hände führen«, Z. 78 f.).

Sprachlich zeigt sich der manipulative Charakter seiner Rede z. B. an der direkten Ansprache (»du«, »deine«) und an der spezifischen Bildlichkeit: Sie ist abstrakter als die der Bürger (»Du offenbarst dich«, Z. 75; »du mordest dich«, Z. 77), verzichtet aber auch auf logische Stringenz. Eine emotionale Zustimmung möchte er offensichtlich erreichen, weniger eine auf Logik und Einsicht aufbauende. Die Reaktion der Umstehenden (»hört den Unbestechlichen«, Z. 70; »Es lebe ...«, Z. 82) und die sprachlichen Bibelanklänge (»Messias«, Z. 71) zeigen, wie gut er das Volk im Griff hat und wie er die Not sowie die verzweifelte Suche nach Auswegen zum Ausbau seiner politischen Machtstellung ausnutzt.

Von einer Klimax der Szene kann man insofern reden, als der Anteil an politischen Beimischungen steigt: Die *Simons* bleiben im konkret-privaten Bereich (die Frau ist stärker bereit, den Realitäten ins Auge zu sehen als der Mann), die Bürger dringen zu einer allgemeineren politischen Sichtweise vor, stellen sich die Frage nach Ursache und Abschaffung, bleiben aber noch einer sehr vereinfachten Sichtweise verhaftet. *Robespierre* bringt das politisch-konzeptionelle Element ein, allerdings in ideologischer Form.

Sachtextanalyse

Grundwissen

Sachtexte sind vor allem nicht-fiktionale Texte. Sie beziehen sich auf Sachverhalte und Tatsachen aus der Wirklichkeit. Sie werden sowohl geschrieben als auch gesprochen (*Nachrichten, Wissenschaftssendungen ...*). Darüber hinaus unterscheidet man zwischen
- **kontinuierlichen** (Fließtexten) und
- **diskontinuierlichen** Sachtexten (Texte mit Diagrammen, Schaubildern, Tabellen etc.).

Mit Sachtexten werden verschiedene **Intentionen** verfolgt, die sich in
- **appellative** *(Flugblatt, Politikerreden, Werbung ...)*,
- **argumentative** *(Abhandlungen, Kommentare, Leserbrief, Rezensionen ...)*,
- **informative** *(Berichte, Protokolle, Zusammenfassungen ...)* und
- **normative** *(Gebrauchsanweisungen, Gesetzestexte ...)* Texte

differenzieren lassen.

In vielen Sachtexten lassen sich aber mehrere Intentionen finden: So stellt eine *Literaturkritik* ein Werk vor (informativ), will aber auch das Werk bewerten (argumentativ) und zum Lesen oder Nicht-Lesen anregen (appellativ). Wichtige Textsorten sind:

Abhandlung: wissenschaftliche (oder auch populärwissenschaftliche) Darstellung und Diskussion zu einem sprach- bzw. literaturwissenschaftlichen, philosophischen, historischen, gesellschaftlichen oder soziologischen Thema
Essay: geistreiche, stilistisch pointierte, individuelle und persönliche Abhandlung und Auseinandersetzung über ein meist allgemeingesellschaftliches Thema
Glosse: witzige, auch satirische Auseinandersetzung mit einem aktuellen gesellschaftspolitischen oder kulturellen Thema
Kommentar: meinungsbildende, oft analysierende Auseinandersetzung mit einem aktuellen gesellschaftlichen, politischen oder kulturellen Thema
Leserbrief: subjektive Stellungnahme eines Zeitungslesers zu allen möglichen öffentlichen Themen, die sachlich bis polemisch geschrieben sein kann
Rede: öffentlicher Vortrag zu politischen, gesellschaftlichen oder kulturellen Themen mit dem Ziel der Einflussnahme
Rezension/Kritik: subjektive Auseinandersetzung mit einem meist kulturellen Phänomen, z. B. Buchbesprechung, Film- oder Theaterkritik

Sachtexte analysieren

Erste Begegnung mit dem Sachtext

- Aufgabenstellung und den Text lesen.
- Unverständliche oder auffallende Textstellen markieren.
- Schlüsselwörter und Kernsätze markieren.
- Das Thema des Textes benennen.
- Die Position und Intention des Verfassers herausarbeiten.
- Die *Makrostruktur* ermitteln – den Text in Abschnitte gliedern und den Gedankengang bzw. die Argumentation erfassen.

Analyse des Textes

- Ein Ideennetz, eine Mindmap oder eine Analyseskizze anlegen und sich Notizen zu den inhaltlichen, formalen und sprachlichen Aspekten des Sachtextes machen.
- Die *Mikrostruktur* des Textes herausarbeiten – dazu den Gedankengang bzw. die Argumentation in Bezug mit den Aussagen des Verfassers setzen und auf Belege sowie Beispiele achten.
- Untersuchen, mit welchen rhetorischen Mitteln der Verfasser seine Aussagen unterstützt.
- Die Sprachform des Textes *(Wissenschaftssprache, Jugendsprache ...)* ermitteln – dabei auf die Syntax *(Verwendung von Hypotaxe, Parataxe ...)* und die Wortwahl achten.
- Die Wirkung des Textes beschreiben.
- Sich festlegen, wie man zu dem Thema des Textes und der Position des Verfassers steht.

Erstellen einer Gliederung und Ausformulierung der Analyse

Je nach Anlage der Interpretation kann die Gliederung

- **linear,** dem Gedankengang bzw. der Argumentation des Textes folgen oder
- **aspektorientiert,** d. h. an inhaltlichen Aspekten orientiert, ausgerichtet sein

Einleitung

- Angaben zu äußeren Textmerkmalen: Textsorte, Titel, Autor/-in, Entstehungszeit/-ort, Thema, Adressat
- Benennung des Themas
- Zusammenfassung der Kernaussage bzw. der Intention des Textes

Hauptteil

Detaillierte Analyse des Textes durch die Wiedergabe des Gedankengangs bzw. der Argumentation

- in Kombination mit der Zusammenfassung der Aussagen mit ihren jeweiligen Beispielen und Belegen
- sowie der Beschreibung und Deutung der sprachlichen sowie rhetorischen Mittel und ihrer Wirkung

Schluss
- Zusammenfassung der Ergebnisse mit Rückbezug auf das Thema, die Position und Intention des Verfassers und seine Argumentation
- evtl. eine anschließende Stellungnahme, die sich auf unterschiedliche Sachverhalte oder auf die Position des Autors beziehen kann

Formulierungshilfen Den Gedankengang bzw. die Argumentation eines Sachtextes können Sie am besten beschreiben, wenn Sie verdeutlichen, wie der Verfasser seinen Text strukturiert. Dazu sollten Sie entsprechende **Verben** und *Adverbien* verwenden, die den Aufbau des Sachtextes hervorheben.

Beispiele:
Der Verfasser **leitet** seinen Text mit der Feststellung ein ...
Der Autor **beginnt** seinen Text mit der These, dass ...
Er **behauptet**, dass ...
Anschließend **geht** er dazu **über** ...
Danach **formuliert** er...
Der Autor **stellt** die Frage **nach** ...
Er **wirft** Fragen **auf** ...
Des Weiteren **geht** er darauf **ein** ...
Weiterhin **führt** er **aus** ...
Außerdem **beschreibt** die Autorin ...
Der Autor **provoziert** mit ...
Infolgedessen **differenziert** er zwischen ...
Der Autor **argumentiert** ...
Nichtsdestoweniger **stellt** sie **dar**, wie ...
Sie **distanziert** sich von ...
Er **widerspricht** ...
Er **spitzt** die Frage zu ...
Er **schließt** sich der Auffassung **an** ...
In der Folge/Im Folgenden **untermauert** er ...
Darüber hinaus **zeigt** der Text auf, wie ...
Er **resümiert** *schließlich* ...
Sie **kommt** zu dem Ergebnis, dass ...
Abschließend/Letztlich/Zusammenfassend wird die Aussage **zementiert** ...

Eine Sachtextanalyse schreiben

Aufgabenstellung zur Sachtextanalyse

- Geben Sie kurz den Inhalt der Rede wieder.
- Analysieren Sie Position und Absicht Willy Brandts. Beziehen Sie dabei sprachliche und rhetorische Mittel des Textes mit ein.

Rede vor dem Rathaus Schöneberg (10. November 1989)

Willy Brandt

Liebe Berlinerinnen und Berliner,
liebe Landsleute von drüben und hüben,
dies ist ein schöner Tag nach einem langen Weg, aber wir befinden uns erst an einer Zwischenstation. Wir sind noch nicht am Ende des Weges angelangt. Es liegt noch eine ganze Menge vor uns.

Die Zusammengehörigkeit der Berliner und der Deutschen überhaupt manifestiert sich auf eine bewegende, auf eine uns aufwühlende Weise, und sie tut es am bewegendsten dort, wo getrennte Familien endlich wieder ganz unverhofft und tränenvoll zusammenfinden. Mich hat auch das Bild angerührt von dem Polizisten auf unserer Seite, der 'rübergeht zu seinem Kollegen drüben und sagt: Jetzt haben wir uns so viele Wochen, vielleicht Monate auf Abstand gesehen, ich möchte Ihnen heute mal die Hand geben. Das ist die richtige Art, sich dem Problem zu nähern: einander die Hand zu geben, nachtragend nur dort zu sein, wo es unbedingt sein muss. Aber wo immer es geht, Trennendes zu überwinden. Das hab' ich auch heute Mittag am Brandenburger Tor gespürt und hier sind ja viele auf dem Platz, die auch heute Mittag am Brandenburger Tor waren.

Als Bürgermeister der schwierigen Jahre von 1957 bis 1966, also auch der Zeit des Mauerbaus und danach, und als einer, der in der Bundesrepublik und für sie einiges zu tun hatte mit dem Abbau von Spannungen in Europa und mit dem jeweils erreichbaren Maß an sachlichen Verbindungen und menschlichen Kontakten, sage ich hier heute Abend meinen ganz herzlichen Gruß an die Berlinerinnen und Berliner in allen Teilen der Stadt. Und gleichermaßen an die Landsleute drüben wie hüben, in beiden Teilen Deutschlands. Und ich füge hinzu: Es wird jetzt viel davon abhängen, ob wir uns – wir Deutschen, hüben und drüben – der geschichtlichen Situation gewachsen erweisen.

Das Zusammenrücken der Deutschen, darum geht es, das Zusammenrücken der Deutschen verwirklicht sich anders, als es die meisten von uns erwartet haben. Und keiner sollte in diesem Augenblick so tun, als wüsste er ganz genau, in welcher konkreten Form die Menschen in den beiden Staaten in ein neues Verhältnis zueinander geraten werden. Dass sie in ein anderes Verhältnis zueinander geraten, dass sie in Freiheit zusammenfinden und sich entfalten können, darauf allein kommt es an.

Und eines ist sicher, es wurde vorhin im Abgeordnetenhaus gesagt: Es ist sicher, dass nichts im anderen Teil Deutschlands wieder so werden wird, wie es war. Die Winde der Veränderung, die seit einiger Zeit über Europa ziehen, haben an Deutschland nicht vorbeiziehen können. Meine Überzeugung war es immer, dass die betonierte Teilung und dass die Teilung durch Stacheldraht und Todesstreifen gegen den Strom der Geschichte standen. Und ich habe es noch in diesem Sommer zu Papier gebracht – man kann es nachlesen, wenn man will –, ohne dass ich genau wusste, was im Herbst passieren würde: Berlin wird leben und die Mauer wird fallen. Übrigens, übrigens, liebe Freunde, ein Stück von jenem scheußlichen Bauwerk, ein Stück davon könnte man dann von mir aus sogar als ein geschichtliches Monstrum stehen lassen. So, so wie wir seinerzeit nach heftigen Diskussionen in unserer Stadt uns bewusst dafür entschieden haben, die Ruine der Gedächtniskirche stehen zu lassen.

Denen, die heute noch so schön jung sind, und denen, die nachwachsen, kann es nicht immer leicht fallen, sich die historischen Zusammenhänge, in die wir eingebettet sind, klarzumachen. Deshalb sage ich nicht nur, dass wir bis zur Überwindung der Spaltung noch einiges vor uns haben, sondern ich erinnere uns auch daran, dass die widernatürliche Spaltung – und mit welchem, mit welchem Zorn, aber auch mit welcher Ohnmacht habe ich hier am 16. August '61 von dieser Stelle aus dagegen angeredet –, ich will sagen: auch das hat natürlich nicht erst am 13. August 1961 begonnen. Das deutsche Elend begann mit dem terroristischen Nazi-Regime und dem von ihm entfesselten schrecklichen Krieg. Jenem schrecklichen Krieg, der Berlin wie so viele andere deutsche und nichtdeutsche Städte in Trümmerwüsten verwandelte. Aus dem Krieg und aus der Veruneinigung der Siegermächte erwuchs die Spaltung Europas, Deutschlands, in Berlin reproduziert auf mehrfache Weise. Und jetzt erleben wir, und das ist etwas Großes – und ich bin dem Herrgott dankbar dafür, dass ich dies miterleben darf –, wir erleben, dass die Teile Europas wieder zusammenwachsen.

Und ich bin sicher, liebe Freunde, ich bin sicher, dass der Präsident der Vereinigten Staaten und der erste Mann der Sowjetunion, dass Bush und Gorbatschow dies, was im Gange ist bei uns, zu würdigen wissen werden, wenn sie einander demnächst auf einem Schiff im Mittelmeer begegnen. Und ich bin sicher, dass unsere französischen und unsere englischen Freunde – vergessen wir nicht, neben den Amerikanern die bewährten Schutzmächte von West-Berlin in schwierigen Jahren, in langen schwierigen Jahren – ich bin sicher, dass sie mit uns den Prozess der Veränderung und des neuen Aufbruchs zu würdigen wissen. Ich bin sicher, dass unsere Nachbarn im europäischen Osten verstehen, was uns bewegt, und dass es sich einfügt in das neue Denken und in die Neugestaltung politischen Handelns, das sie, die Zentral- und Osteuropäer, selbst erfüllt und in Anspruch nimmt. Die Sicherheit, die wir unseren Nachbarn und auch den großen Mächten dieser Welt bieten können, ist die, dass wir keine Lösung unserer Probleme anstreben, die sich nicht einfügt in unsere Pflichten gegenüber dem Frieden und gegenüber Europa. Und in die gemeinsame

Überzeugung, dass die Europäische Gemeinschaft sich weiterentwickelt und die Zerstückelung unseres Kontinents definitiv überwunden werden muss.

Damals, im August '61, haben wir nicht nur im Zorn gefordert: die Mauer muss weg. Wir haben uns auch sagen müssen, Berlin muss trotz der Mauer weiterleben. Wir haben die Stadt – mit Hilfe des Bundes, was wir auch nicht vergessen wollen – wiederaufgebaut. Andere, die nach uns kamen, haben dem Wiederaufbau Wichtiges hinzugefügt. Aber hier in Berlin war uns zusätzlich zu allen innerstädtischen Aufgaben und zum Wohnungsbau, zum kulturellen und wirtschaftlichen Neuaufbau aufgetragen, den Weg nach Deutschland in und durch Berlin offen zu halten. [...]

Mir hat sich das Datum des 18. Dezember 1963 besonders eingeprägt, nicht nur, weil ich Geburtstag hatte – damals wurde ich 50 –, sondern es hat sich mir eingeprägt, weil das der Tag war, an dem aufgrund der Passierscheine – mehr konnten wir damals nicht erreichen – Hunderttausende, viel mehr als man erwartet hatte, drüben waren, nicht nur die Verwandten in Ost-Berlin, sondern auch die, die aus »der Zone« kamen, wie wir damals sagten, wieder treffen konnten. Das war schrecklich unzulänglich, das blieb schrecklich brüchig, aber wir haben uns nicht davon abbringen lassen, auch jeden möglichen kleinen Schritt zu tun, um den Kontakt zwischen den Menschen zu fördern und den Zusammenhalt der Nation nicht absterben zu lassen.

Es hat dann noch fast ein Jahrzehnt gedauert, bis durch einen Verkehrsvertrag und einen Grundlagenvertrag die damals möglichen Veränderungen erreicht werden konnten. Eine Vielzahl von Abkommen und Absprachen hat sich dem hinzugefügt. Und es bleibt richtig, dass wir ein Vakuum, einen Leerraum auch aus nationalen Gründen nicht entstehen lassen durften.

Richtig war es auch, die Außenbedingungen für das geteilte Deutschland und die Menschen in ihm zu entlasten und zu verbessern, wo immer dies möglich war. Das war der Inhalt unserer Vertragspolitik, auch mit wichtigen Partnern im Osten. Das war der Inhalt unseres Hinwirkens auf die gesamteuropäische Konferenz in Helsinki, schwierig beginnend, aber verpflichtet auf die Menschenrechte, verpflichtet auf Zusammenarbeit, verpflichtet auch auf Abbau der Rüstungen, der Überrüstungen in Europa. Und dieses sich langsam Hinbewegen auf Stabilität, auf den Abbau statt weiteren Aufbau von Rüstungen, macht sich nun bezahlt. Dies ist im Gange, dies hat wesentlich dazu beigetragen, dass wir es heute mit verbesserten Rahmenbedingungen zu tun haben. Und ich füge hinzu: Wenn ich meine Landsleute im anderen Teil Deutschlands gut verstehe, dann stimmen sie mit mir und ich denke mit uns allen hier überein: keiner von ihnen wünscht Schwierigkeiten mit den sowjetischen Truppen, die sich noch auf deutschem Boden befinden. Die werden weniger werden. An der militärischen Präsenz anderer wird sich etwas ändern. Wir wollen keinen Trouble, wir wollen friedliche Lösungen auch im Verhältnis zur Großmacht im Osten. [...]

Unsere Landsleute in der DDR und in Ost-Berlin haben sich ihrer Geschicke selbst, und zwar unüberhörbar für alle Welt, angenommen. Das Volk selbst hat gesprochen, hat Veränderungen gefordert, nicht zuletzt das Recht auf wahrhaftige Information und auf freie Bewegung und auf Freiheit des organisatorischen Zusammenschlusses. Und ich denke, dass diese Volksbewegung im anderen Teil Deutschlands ihre Erfüllung nur in wirklich freien Wahlen finden kann. Und ich meine auch, wie der Regierende Bürgermeister Momper, dass es eine lohnende Aufgabe sein kann, am Werk der Erneuerung an Ort und Stelle mitzuwirken und sie, wenn es irgend geht, nicht denen zu überlassen, die übrigbleiben.

Ich sag' noch einmal: Nichts wird wieder so, wie es einmal war. Dazu gehört, dass auch wir im Westen nicht an unseren Parolen von gestern allein gemessen werden, sondern an dem, was wir heute und morgen zu tun, zu leisten bereit und in der Lage sind, geistig und materiell. Und ich hoffe, die Schubladen sind nicht leer, was das Geistige angeht. Ich hoffe auch, die Kassen sind nicht allzu leer. Und ich hoffe, die Terminkalender lassen Raum für das, was jetzt sein muss. Die Bereitschaft nicht zum erhobenen Zeigefinger, sondern zur Solidarität, zum Ausgleich, zum neuen Beginn, wird auf die eigentliche Probe gestellt. Es gilt jetzt, neu zusammenzurücken, den Kopf klar zu behalten und das so gut wie möglich zu tun, was unseren deutschen Interessen ebenso entspricht wie unserer Pflicht gegenüber unserem europäischen Kontinent.

Ich danke für Ihre Aufmerksamkeit.

Zeitgeschichtlicher Hintergrund

Am 9. November 1989 fiel die Berliner Mauer. Damit konnten sich die Berliner in Ost und West erstmals nach 28 Jahren wieder frei begegnen. Das Ende der Teilung Berlins markierte zudem den Anfang vom Ende der deutschen Teilung, die knapp ein Jahr nach der Öffnung der Grenzen mit der Wiedervereinigung am 3. Oktober 1990 überwunden wurde.

Willy Brandt (1913–1992) war von 1957 bis 1966 Regierender Bürgermeister von (West-)Berlin. Anschließend übernahm er das Amt des Außenministers in der Großen Koalition unter Kurt Georg Kiesinger und wurde 1969 selbst Bundeskanzler einer sozialliberalen Koalition – als erster SPD-Regierungschef seit 1930. Mit seiner innenpolitisch heftig umstrittenen Ostpolitik hat Brandt die Beziehungen zur DDR und den anderen Staaten des Warschauer Pakts auf eine neue, stärker kooperative statt konfrontative Grundlage gestellt. Im Jahr 1974 trat Brandt im Gefolge der Guillaume-Affäre zurück, blieb jedoch bis 1987 Parteivorsitzender der SPD und darüber hinaus weltweit gefragter Ratgeber.

Allgemeine Anforderungen

In der Regel enthält die Sachtextanalyse zwei Schritte: Beschreibung sowie Analyse. Gegebenenfalls kann eine Stellungnahme oder Bewertung hinzukommen: etwa bei Reden, die kontrovers aufgefasst werden können.

Beschreibung In die Beschreibung des vorgelegten Textes fließen inhaltliche und formale Aspekte ein. Dabei ist zu beachten, dass die formale Analyse nie Selbstzweck ist (»Wer findet am meisten Stilmittel?«), sondern die inhaltliche Dimension des Textes entschlüsseln helfen soll. So wie sich der Redner selbst in der Regel rhetorischer Kunstgriffe bedient, um seine Botschaft mit Nachdruck zu vermitteln, muss auch die formale Analyse bei den Inhaltspunkten ansetzen. Im Rahmen der schriftlichen Ausfertigung ist darauf zu achten, dass die Funktion rhetorischer Mittel unmittelbar mit der inhaltlichen Analyse verknüpft wird.

Inhaltliche Aspekte:
- Autor (*Name, biografischer Hintergrund, weltanschauliche Einordnung ...*)
- Textsorte (*Reportage, Leitartikel, Kommentar, Glosse, Satire ...*)
- Adressaten der Rede und kommunikative Situation
- historisch-politischer Kontext
- zentrales Thema der Rede
- Gliederung der Rede in Sinnabschnitte
- Gang der Argumentation (*sachlich-logischer Aufbau, Gedankensprünge ...*)
- Redestrategien (*Verharmlosung, Emotionalisierung, Beruhigung, Kritik, Schuldzuweisung, Suggestion, Gedenken, Polarisierung ...*)

Formale Aspekte:
- Wortwahl (*Schlüsselwörter, Wortfelder, Konnotationen, Stereotypen ...*)
- Stil (*Hochsprache, Umgangssprache, Fachterminologie, Vulgarismen ...*)
- Rhetorische Mittel (*Metaphern, Antithetik, Ironie, ...*)

Analyse Die Analyse einer politischen Rede richtet sich vor allem auf die Bestimmung der Position und Absicht (Intention) des Redners. Dabei ist zu fragen, wie die inhaltlichen und formalen (sprachliche, rhetorische und redestrategische) Mittel der Rede auf die Adressaten wirken sollen.

Vorarbeiten

Erster Schritt: Inhaltliche und formale Aspekte beschreiben

Beispiele:

Inhaltliche Aspekte
- Autor: Willy Brandt, ehemaliger Regierender Bürgermeister von Berlin und ...
- Adressaten der Rede und kommunikative Situation: Bürgerinnen und Bürger vor dem West-Berliner Rathaus Schöneberg ...
- Historisch-politischer Kontext: ein Tag nach dem Fall der Berliner Mauer, der ...
- zentrales Thema der Rede: Einordnung des historischen Augenblicks in die deutsche Geschichte ...

- Gliederung der Rede in Sinnabschnitte: aktuelles Geschehen; persönlicher Rückblick; Herausforderungen eines historischen Moments; deutsche Teilung als ...
- Gang der Argumentation: Wechsel zwischen historischen, z.T. persönlichen Reminiszenzen, dem Versuch einer historischen Einordnung ...

Formale Aspekte

- Wortwahl: axiomatische Wendung (»Berlin wird leben und die Mauer wird fallen«, Z. 40); Schlüsselwort (»neu«, Z. 66 ff.) ...
- Stil: Hochsprache mit umgangssprachlichen Einsprengseln (»Es liegt noch 'ne ganze Menge vor uns.«, Z. 4 f.) ...
- rhetorische Mittel: Metaphern (»Winde der Veränderung«, Z. 35; »Strom der Geschichte«, Z. 38); Neologismus (»Veruneinigung«, Z. 55) ...
- Redestrategien: Mahnung, Gedenken ...

1. Füllen Sie die genannten Aspekte aus Ihrer Sicht auf.

Zweiter Schritt: Den Sachtext analysieren

Beispiele:

- Nachdem Brandt die mit dem Fall der Mauer eingetretene Situation als außerordentliche Herausforderung für die »Deutschen, hüben wie drüben« (Z. 24) apostrophiert hat, widmet er sich im Folgenden dem »Zusammenrücken der Deutschen« (Z. 26) als Grundvoraussetzung für den Erfolg des historisch einzigartigen Prozesses ...
- Zugleich dämpft Brandt indes die Hoffnung auf rasche Lösungen, da niemand wirklich auf diesen Moment vorbereitet gewesen sei. Er nennt jedoch die Rahmenbedingungen für eine stabile Entwicklung ...
- Im weiteren Verlauf lässt Brandt antithetisch nur eines als sicher gelten, dass sich nämlich die alten Sicherheiten kurzerhand aufgelöst haben und fortan alles anders sein werde, als es die starren Verhältnisse des Kalten Kriegs bis zum Vortag zwanghaft fixiert hätten ...
- Wenn Willy Brandt am Ende seiner Rede vor dem »erhobenen Zeigefinger« (Z. 126 f.) warnt, spitzt er im Grunde nur bildlich zu, was er seinen Zuhörern davor bereits mehrfach eingeschärft hat: ...
- Brandt zielt darauf ab, in einer historisch prekären Situation mäßigend auf die Beteiligten einzuwirken, und beschwört einen friedlichen Verlauf der bevorstehenden tiefgreifenden Veränderungen im Verhältnis beider deutscher Staaten ...
- Insgesamt sucht Brandt eine Balance zwischen der Freude über ein kurz zuvor noch undenkbares Geschenk der Geschichte und der historischen Verantwortung beider deutschen Staaten ...

2. Ergänzen Sie die Anmerkungen. – Schreiben Sie anschließend die Sachtextanalyse.

Lösungsmöglichkeiten

Zum ersten Schritt (S. 70):

Inhaltliche Aspekte

- Autor: Willy Brandt, ehemaliger Regierender Bürgermeister von Berlin und Altbundeskanzler; Elder Statesman, der sich über die Parteien hinweg Gehör verschafft
- Textsorte: politische Rede
- Adressaten der Rede und kommunikative Situation: Bürgerinnen und Bürger vor dem West-Berliner Rathaus Schöneberg, dem Sitz des Berliner Senats
- Historisch-politischer Kontext: Tag nach dem Fall der Berliner Mauer, der ein Ende des vier Jahrzehnte währenden Ost-West-Konflikts möglich erscheinen lässt, allerdings auch von der Unsicherheit über das weitere Vorgehen im geteilten Deutschland und Europa geprägt wird
- Zentrales Thema der Rede: Einordnung des historischen Augenblicks in die deutsche Geschichte und Aufruf zu einer besonnenen Entwicklung in einer historisch singulären Situation
- Gliederung der Rede in Sinnabschnitte: aktuelles Geschehen; persönlicher Rückblick; Herausforderungen eines historischen Moments; deutsche Teilung als Resultat deutscher Verbrechen; Rolle der Siegermächte; Rückblick auf die Teilung Berlins; Rechtfertigung der Ostpolitik; Strategien zur Überwindung der Teilung
- Gang der Argumentation: Wechsel zwischen historischen, z. T. persönlichen Reminiszenzen, dem Versuch einer historischen Einordnung des aktuellen Geschehens und dem Appell zu einer Politik mit Augenmaß, die die Gunst des geschichtlichen Augenblicks nutzt

Formale Aspekte

- Wortwahl: axiomatische Wendung (»Berlin wird leben und die Mauer wird fallen«); Schlüsselwort (»neu«, 66 ff.)
- Stil: Hochsprache mit umgangssprachlichen Einsprengseln (»Es liegt noch 'ne ganze Menge vor uns.«, Z. 4 f./»Wir wollen keinen Trouble«, Z. 109 f.), Neigung zu hypotaktischen Satzstrukturen (»Mir hat sich das Datum ...«, Z. 82)
- Rhetorische Mittel: Metaphern (»Winde der Veränderung«, Z. 35; »Strom der Geschichte«, Z. 38; »Zerstückelung unseres Kontinents«, Z. 73 f.); Neologismus (»Veruneinigung«, Z. 55); Anrufung Gottes (»dem Herrgott dankbar«, Z. 57); Trikolon/Polysyndeton (»das Recht auf wahrhaftige Information ...«, Z. 114 f.); Wiederholung (»Ich sag' noch einmal«, Z. 121; »Und ich hoffe«, Z. 124); Antithetik (»Bereitschaft nicht zum erhobenen Zeigefinger, sondern zur Solidarität«, Z. 126 f.)
- Redestrategien: Mahnung, Gedenken, Aufruf zur Besonnenheit, Brücken bauen

Zum zweiten Schritt (S. 71):

- Nachdem Brandt die mit dem Fall der Mauer eingetretene Situation als außerordentliche Herausforderung für die »Deutschen, hüben wie drüben« (Z. 24) apostrophiert hat, widmet er sich im Folgenden dem »Zusammenrücken der Deutschen« (Z. 26) als Grundvoraussetzung für den Erfolg des historisch einzigartigen

Prozesses. Brandt nennt diese Voraussetzung zweimal in einem Satz und unterstreicht mit dieser Wiederholung die Dringlichkeit seiner Analyse: Nur wenn es den Deutschen gelinge, nach Jahren der Trennung zueinanderzufinden, werde der Fall der Mauer ein glückliches Kapitel der deutschen Geschichte aufschlagen.

- Zugleich dämpft Brandt indes die Hoffnung auf rasche Lösungen, da niemand wirklich auf diesen Moment vorbereitet gewesen sei. Er nennt jedoch die Rahmenbedingungen für eine stabile Entwicklung. Die Menschen in beiden Teilen Deutschlands müssten »in ein anderes Verhältnis zueinander« (Z. 30) treten und das Zusammenwachsen könne sich nur in Freiheit vollziehen.
- Im weiteren Verlauf lässt Brandt antithetisch nur eines als sicher gelten, dass sich nämlich die alten Sicherheiten kurzerhand aufgelöst haben und fortan alles anders sein werde, als es die starren Verhältnisse des Kalten Kriegs bis zum Vortag zwanghaft fixiert hätten. Metaphorisch aufgeladen beschwört Brandts Rhetorik die »Winde der Veränderung« (Z. 35) und den »Strom der Geschichte« (Z. 38), um den sich abzeichnenden Wandel als Naturgewalt zu charakterisieren, dem sich niemand in den Weg stellen könne. Diese in Zeiten des Umbruchs häufig bemühten Stilfiguren leiten über zu Brandts verdichteter Losung für den historischen Augenblick: »Berlin wird leben und die Mauer wird fallen.« (Z. 40). Diese Antithetik von Werden und Vergehen durchzieht die gesamte Rede und markiert so einen Umschlagspunkt in der Geschichte des 20. Jahrhunderts, den man bald als Beginn einer Revolution identifizieren sollte.
- Wenn Brandt am Ende seiner Rede vor dem »erhobenen Zeigefinger« (Z. 126 f.) warnt, spitzt er im Grunde nur bildlich zu, was er seinen Zuhörern davor bereits mehrfach eingeschärft hat: dass die jahrzehntelange, von dem Systemkonflikt des Kalten Kriegs auferlegte Trennung nur zu überwinden sei, indem die Menschen in beiden deutschen Staaten vorurteilsfrei aufeinander zugingen und sich in Solidarität übten.
- Brandt zielt darauf ab, in einer historisch prekären Situation mäßigend auf die Beteiligten einzuwirken, und beschwört einen friedlichen Verlauf der bevorstehenden tiefgreifenden Veränderungen im Verhältnis beider deutscher Staaten. Er legitimiert seine Appelle mit der Erfahrung als ehemaliger Regierender Bürgermeister West-Berlins zur Zeit des Mauerbaus sowie als Initiator der auf Ausgleich bedachten Ostpolitik Anfang der siebziger Jahre. Brandt ordnet das Geschehen des Vortags wiederholt in die deutsche Geschichte des 20. Jahrhunderts ein und mahnt vor diesem Hintergrund eine koordinierte Vorgehensweise an, die sich von deutschen Alleingängen der Vergangenheit abhebt. Zugleich beschwört er die deutsch-deutsche Solidarität, die angesichts der sich an diesem Tag freilich nur schemenhaft abzeichnenden Herausforderungen das Fundament für die Annäherung von BRD und DDR sein müsse.
- Insgesamt sucht Brandt eine Balance zwischen der Freude über ein kurz zuvor noch undenkbares Geschenk der Geschichte und der historischen Verantwortung beider deutschen Staaten für einen friedlichen und mit den Siegermächten und Nachbarn abgestimmten Verlauf der weiteren Entwicklung.

Argumentieren und Erörtern

Grundwissen

Erörtern bedeutet, sich mit einem Problem oder einem Sachverhalt auseinanderzusetzen und dazu eine eigene Position zu formulieren. Bei der schriftlichen Erörterung handelt es sich daher um eine argumentative Aufsatz- bzw. Schreibform.

Um sich einen Zugang zu einem gestellten Thema zu verschaffen, werden z. T. **Informationen** durch Texte, Bilder, Grafiken etc. in den verschiedenen Medien zugrunde gelegt. Mit diesem Material lässt sich eine **Stoffsammlung** erstellen, aus der heraus die **Gliederung** als eine Art Gedankengerüst für die schriftliche Entfaltung des Themas angelegt wird.

Dabei muss eine **These** (Behauptung) mit **Argumenten** (Begründungen) gestützt und jedes Argument durch *Beispiele, Belege, Erläuterungen* und *Folgerungen* entfaltet werden. Die **steigernde Anordnung** der Argumente sollte durch sprachliche Mittel kenntlich gemacht werden *(am wichtigsten aber ist ...)*, um den Stellenwert des jeweiligen Arguments innerhalb der Argumentation zu verdeutlichen.

Hauptteil: Bei Es gibt verschiedene Möglichkeiten, das Argumentationsgerüst für den Hauptteil eines Erörterungsaufsatzes zu gliedern:

Einfache (lineare) Erörterung

Argumentative Darlegung *einer* Position mit sich *steigernden* Argumenten

A. Einleitung
B. Hauptteil **These** 1. Argument (schwächstes Argument) – *Beispiel/Beleg/Erläuterung/Folgerung* 2. Argument (stärkeres Argument) – *Beispiel/Beleg/Erläuterung/Folgerung* 3. Argument (stärkstes Argument) – *Beispiel/Beleg/Erläuterung/Folgerung* ...
C. Schluss

Dialektische (antithetische) Erörterung

Themen zu dialektischen Erörterungen verlangen, dass die in ihnen durch Argumente begründeten Thesen von zwei Seiten beleuchtet werden, d. h. nach **pro** und **kontra** erörtert werden. Es werden Argumente genannt, die die Thesen stützen, aber auch Argumente, die sie widerlegen (Gegenargumente). Bei der dialektischen Erörterung sind zwei Gliederungstypen möglich:

Typ 1 (Prinzip »Sanduhr«): Die Argumente werden in zwei Blöcken präsentiert: In dem ersten Block werden die Argumente **für** die These (das Pro) genannt und in dem zweiten Block die Argumente **dagegen** (die Antithese, das Kontra).

Es empfiehlt sich meistens, zunächst mit den Argumenten, die *nicht* der eigenen Position entsprechen, zu beginnen und dabei das stärkste Gegenargument zuerst zu nennen (»abfallend«). Bei dem Block mit Argumenten hingegen, die die *eigene* Position stützen, sollte das stärkste Argument erst am Ende, d. h. unmittelbar vor dem abschließenden Fazit stehen (steigernd!).

Die Argumente der Pro- und Kontra-Seite verbindet eine Überleitung. Dabei können die Argumente der einen Seite gebündelt werden und darauf verweisen, dass es auch (Gegen-)Argumente gibt, die im Anschluss entfaltet werden.

A. Einleitung

B. Hauptteil

Kontra-These (Antithese)
1. Argument (stärkstes Argument)
   – *Beispiel/Beleg/Erläuterung/Folgerung*
2. Argument (schwächeres Argument)
   – *Beispiel/Beleg/Erläuterung/Folgerung*
3. Argument (schwächstes Argument)
   – *Beispiel/Beleg/Erläuterung/Folgerung*

Pro-These
1. Argument (schwächstes Argument)
   – *Beispiel/Beleg/Erläuterung/Folgerung*
2. Argument (stärkeres Argument)
   – *Beispiel/Beleg/Erläuterung/Folgerung*
3. Argument (stärkstes Argument)
   – *Beispiel/Beleg/Erläuterung/Folgerung*

   …

C. Schluss

Typ 2 (Prinzip »Reißverschluss«): Bei der *abwechselnden* Präsentation von Argumenten werden die (Gegen-)Argumente, die nicht der eigenen Meinung entsprechen, sogleich durch ein direkt folgendes und gegenübergestelltes Argument entkräftet. Da hier das dialektische Element in beiden Argumentationsblöcken zusammengeführt wird, spricht man von einer **binnendifferenzierten** Argumentation, wie sie auch in Diskussionen erfolgt.

A. Einleitung

B. Hauptteil

Pro-These	**Kontra-These (Antithese)**
1. Argument – *Beispiel/Beleg/Erläuterung/ Folgerung*	1. (Gegen-)Argument – *Beispiel/Beleg/Erläuterung/ Folgerung*
2. Argument – *Beispiel/Beleg/Erläuterung/ Folgerung*	2. (Gegen-)Argument – *Beispiel/Beleg/Erläuterung/ Folgerung*
3. Argument – *Beispiel/Beleg/Erläuterung/ Folgerung* …	3. (Gegen-)Argument – *Beispiel/Beleg/Erläuterung/ Folgerung* …

C. Schluss

Einleitung: Bei beiden Aufsatz- bzw. Schreibformen muss in der Einleitung zum Thema hingeführt werden: So kann das Thema mit eigenen Worten umschrieben oder ein geschichtlicher Überblick gegeben werden. Auch aktuelle Ereignisse oder persönliche Erlebnisse sind geeignete Anknüpfungspunkte, um zum Hauptteil überzuleiten.

Schluss: Es können alle wichtigen Argumente zusammengefasst werden (ohne alle noch einmal nennen zu müssen). Ebenso kann das Thema ausgeweitet (Thema ist Teil einer weiterreichenden Fragestellung), ein persönlich gehaltener Appell gehalten, eine eigene Stellungnahme vorgenommen oder das Thema insgesamt noch einmal kritisch reflektiert werden.

Die textgebundene Erörterung

Bei der textgebundenen Erörterung geht es darum, dass Sie sich auf der Grundlage eines Sachtextes mit einer bestimmten Fragestellung bzw. einem Problem argumentativ (oder auch produktiv) auseinandersetzen. Dazu sind zwei aufeinanderfolgende Arbeitsschritte notwendig: Zunächst müssen Sie den Inhalt des vorgegebenen Sachtextes erschließen, um sich anschließend mit dessen Problemgehalt auseinandersetzen zu können.

Aufgabenstellung zur textgebundenen Erörterung

- Skizzieren Sie den Inhalt des Textes.
- Erörtern Sie, inwieweit strengere gesetzliche Maßnahmen geeignet sind, um das Problem des Alkoholkonsums Jugendlicher effektiv einzudämmen.

Angst um die Flaschenkinder (2010)

Für eine bestimmte Gruppe Jugendlicher geht ohne Alkohol nichts mehr. Dem großen Rest würden Experten gern das »richtige« Trinken beibringen

Von Petra Hollweg, Kurt-Martin Mayer, Herbert Reinke-Nobbe und Ulrike Plewnia

Die Party kann beginnen. Bei Piet herrscht sturmfreie Bude, die Eltern gönnen sich ein Shopping-Wochenende in New York. Sven und Jonas schleppen Kisten an: Bier mit und ohne Zusatz. Nele bringt die Koffeeinbomben, Energy-Drinks. Jemand stellt eine Flasche Tequila ab. Piet geht die Hausbar durch: drei Sorten Edelwhisky, aber kein Wodka! Jan wird zur Tanke geschickt. Jan ist schließlich schon 18.

Später in der Nacht gesellen sich noch ein paar Ältere dazu: Partybreaker, Leute, die nicht eingeladen sind, aber irgendwie Wind bekommen haben von der Möglichkeit, gratis an Alkohol zu kommen. Am Ende bevölkern 50 trinkende und betrunkene Jugendliche das Anwesen – so ähnlich geschehen vor Wochen in Gräfelfing bei München und vor Tagen in Nübel, Schleswig-Holstein: Nachbarn holen die Polizei. Katastrophales ist nicht geschehen, nur viel Schmutz und der Lärm eben. Der junge Gastgeber ist nicht wach zu kriegen, er schläft längst seinen schweren Rausch aus. Und seine Eltern haben, abgesehen von ein paar hundert Euro Schaden an der Einrichtung, ein ernstes Diskussionsthema: Hat unser Kind ein Alkoholproblem?

Eher nein, folgt man den Statistiken. »Saufen«, das gehört zwar für einen Teil der Jugendlichen wie selbstverständlich zum Heranwachsen [...] Bei den Zwölf- bis 17-Jährigen nehmen 17 Prozent wöchentlich Alkohol zu sich, erst bei den – männlichen – 18-Jährigen praktiziert das eine Mehrheit. Die erste Erfahrung macht der durchschnittliche Deutsche im Alter zwischen 13 und 14. Völlige Abstürze mit Einlieferung in eine Klinik passieren, wenn überhaupt, mit 15 oder 16, danach sinkt die Quote wieder. Spaß, Kontakte knüpfen, sich entspannen stehen im Vordergrund [...]

Für Deutschland zeigt sich auch die Tendenz: Der gesamte Alkoholkonsum Minderjähriger nimmt zumindest nicht mehr zu, das Einstiegsalter sinkt nicht mehr. Doch es wird exzessiver. Die Zahl der Krankenhauseinweisungen halb komatöser Teenager hat sich seit dem Jahr 2000 nahezu verdreifacht. Schätzungen zufolge sind 160 000 Kinder, Jugendliche und junge Erwachsene in Deutschland von Alkoholmissbrauch und -abhängigkeit betroffen [...]

Über 15-Jährige, an die nach Gesetzeslage gar kein Alkohol verkauft werden darf, hat der Bremer Soziologe Stephan Quensel wissenschaftlich nachgedacht [...] Richtige Sorgen machen dem Drogenforscher im Grunde nur die »sozial Isolierten« dieses Alters. Diese Außenseiter glaubten vielleicht irgendwann, durch Alkoholika dazugehören zu können, und gerieten »in Gefahr zu überziehen«. Quensel: »Sie haben keine Bezugspersonen, die ihnen zeigen, wie man trinkt.«

Das Trinken lernen – das sieht auch Rainer Thomasius als wünschenswertes Ziel. Er fordert aber von den Eltern, dass sie sich darum kümmern und es nicht Gleichaltrigen überlassen. Staat und Gesellschaft müssten sie dabei unterstützen. Thomasius: »In der Alkoholprävention kann am meisten über Verkaufsregulierungen erreicht werden, also über Preisfestsetzungen und über gesetzliche Vorgaben. Dazu gibt es zahlreiche Ideen. Der Hamburger Wirtschaftsjurist Michael Adams schlägt vor, die im internationalen Vergleich recht niedrigen Steuern auf alkoholische Getränke drastisch zu erhöhen. Aus Brüssel kamen wiederholt Vorstöße, die Grenze für den Verkauf von Alkoholika EU-weit auf 18 Jahre festzusetzen. In Deutschland gilt sie nur bei Spirituosen. Bier und Wein dürften bereits 16-Jährige erstehen. Die Kinderkommission im Bundestag [...] hält Warnhinweise auf Flaschen für denkbar. »Ähnlich wie bei Zigarettenschachteln« sollten sie sein, meint der Kommissionsvorsitzende Eckhard Pols von der CDU. Manche Städte versuchen mittels Polizeiverordnung, den Alkoholkonsum auf öffentlichen Plätzen zeitweise ganz zu verbieten – Freiburg im Breisgau scheiterte allerdings am Verwaltungsgerichtshof des Landes damit.

Vor der neuen Drogenbeauftragten der Bundesregierung, Mechthild Dyckmans (FDP), finden Verbote und Zwangsaufschläge ohnedies keine Gnade. Als knapp nach ihrer Bestellung im November die Rekordzahl bekannt wurde, dass 2008 nach Alkoholvergiftung 25 700 Kinder und Jugendliche in Kliniken eingeliefert worden waren, reagierte Dyckmans noch geschockt und sagte: »Gegen das Rauschtrinken dieser ständig wachsenden Gruppe muss mehr getan werden.« In der vergangenen Woche aber, bei einer Pressekonferenz des Bundesverbandes der Deutschen Spirituosen-Industrie und -Importeure, sagte die 59-jährige ehemalige Verwaltungsrichterin aus Hessen, neue Verbote seien »nicht notwendig«. Anders als in derartigen Fällen üblich, forderte sie von den Industrievertretern auch keine Selbstverpflichtung, sondern gab sich mit der laufenden Aufklärungskampagne des Bundesverbands (»Schulungsinitiative Jugendschutz«) zufrieden. [...]

Vorarbeiten

Erster Schritt: Den Textinhalt klären

Hierzu haben Sie bereits verschiedene Methoden kennen gelernt, wie etwa das Finden von *Abschnittsüberschriften, Schlüsselwörtern, Kernsätzen* und das Erstellen von *Strukturskizzen* etc.

Beispiele für das Finden von Abschnittsüberschriften:

Z. 6–15	Partys und Alkohol als feste Bestandteile der Jugendkultur
Z. 16–22	Statistiken zum Alkoholkonsum von Jugendlichen
Z. 23–28	
Z. 29–34	
Z. 35–49	
Z. 50–61	

1. Füllen Sie die Leerstellen in der Tabelle aus.

Zweiter Schritt: Eine Gliederung erstellen

Beispiel:

I. Einleitung
   1. Darlegung des Hauptproblems …
   2. Forderung …

II. Hauptteil
   1. Zusammenfassung der im Artikel genannten Argumente …
   2. Kritik an diesen Argumenten …
   3. Die eigene Position formulieren …

III. Schluss
   Verschärfung der Gesetze sinnvoll/nicht sinnvoll, weil …

2. Konkretisieren Sie jeweils die allgemeinen Ansätze in dieser Gliederung. – Schreiben Sie vor diesem Hintergrund die textgebundene Erörterung.

Lösungsmöglichkeiten

Zum ersten Schritt (S. 79):

Z. 6–15	Partys und Alkohol als feste Bestandteile der Jugendkultur
Z. 16–22	Statistiken zum Alkoholkonsum von Jugendlichen
Z. 23–28	Anstieg des exzessiven Konsums von Alkohol
Z. 29–34	Die besonders gefährdete Gruppe
Z. 35–49	Vorschläge zur gesetzlichen Alkoholprävention
Z. 50–61	Zurückhaltung aus der Politik

Zum zweiten Schritt (S. 79):

I. Einleitung

1. Darlegung des Hauptproblems: Alkoholkonsum Jugendlicher wird exzessiver
2. Forderung: diverse gesetzliche Maßnahmen zur Alkoholprävention, wie etwa höhere Preise für Alkohol oder auch totales Verbot

II. Hauptteil

1. Zusammenfassung der im Artikel genannten Argumente:
Sie sprechen für eine Verschärfung der Gesetze. Gerade bei der Prävention kann viel über Preisfestsetzungen und gesetzliche Regelungen erreicht werden; vor allem die Alkoholsteuer sollte erhöht werden, um Alkohol gerade für Jugendliche weniger attraktiv zu machen; jegliche Art von Alkohol sollte erst an über 18-Jährige verkauft werde dürfen, um somit Minderjährigen den Zugang zu Alkohol unmöglich zu machen.

2. Kritik an diesen Argumenten:
Jüngere können Ältere zum Alkoholkaufen schicken (siehe Anfang des Artikels); für Jugendliche, die über genügend Geld verfügen, ist eine Erhöhung des Preises nicht abschreckend, Warnhinweise (wie auf Zigarettenschachteln) sind nur selten effektiv.

3. Die eigene Position formulieren:
Für viele Jugendliche ist der »Reiz des Verbotenen« ein Grund für den Konsum von Alkohol; dieser Reiz wird durch weitere Verbote noch zusätzlich gesteigert. Daher sollte man, anstatt zu gesetzlichen Maßnahmen zu greifen, Jugendliche durch Erwachsene zu einem verantwortungsbewussten Umgang mit Alkohol anleiten.

III. Schluss

Daher ist eine Verschärfung der Gesetze wenig sinnvoll; stattdessen sollte ein nachhaltiges Bewusstsein für das Problem auch bei Jugendlichen geschaffen werden.

Formulierungsvorschläge zum gegliederten Aufbau der textgebundenen Erörterung

Einleitung als generelle Hinführung zum eigentlichen Problem	Es ist eine beängstigende Entwicklung: Von Flatratepartys bis zum sogenannten »Komasaufen« – der Alkoholkonsum Jugendlicher wird zunehmend exzessiver und die Zahl der Minderjährigen, die sich nach einer durchzechten Nacht im Krankenhaus wiederfindet, steigt stetig an.
Hauptteil 1. Benennung der beiden zu erörternden Positionen	Darüber, dass diesem Trend effektiv begegnet werden muss, herrscht allgemeiner Konsens; an der Frage, wie genau die dazu notwendigen Maßnahmen auszusehen haben, scheiden sich aber die Geister. Während die einen dafür plädieren, durch eine Verschärfung der Gesetze den Alkoholkonsum Jugendlicher einzudämmen, setzen andere eher auf gezielte Aufklärung, um dadurch die Einstellung der Minderjährigen zum Alkohol nachhaltig verändern zu können.
2. zunächst Darlegung der Argumente, die nicht der eigenen Meinung entsprechen	Dabei spricht einiges dafür, die bestehenden Gesetze zu verschärfen: So würde Jugendlichen etwa bereits der Kauf von Alkohol durch ein Heraufsetzen des entsprechenden Mindestalters deutlich erschwert werden …
dann Darlegung der Argumente, die der eigenen Meinung entsprechen	Anderseits gibt es jedoch auch eine ganze Reihe von Argumenten, die gegen eine Verschärfung der Gesetze spricht. Man denke dabei nur daran, dass trotz des existierenden Jugendschutzgesetzes viele Minderjährige auch momentan schon Zugang zu Alkoholika haben …
3. Abwägen der Argumente im Fazit und Formulierung der eigenen Position	Wägt man nun die Argumente, die für eine Verschärfung der Gesetzeslage sprechen und jene, die dagegen sprechen, gegeneinander ab, so zeigt sich, dass eine Änderung etwa des Jugendschutzgesetzes kaum den gewünschten Effekt haben dürfte, da …
Schluss abschließendes Beispiel mit möglichem Ausblick auf zukünftige Entwicklungen	Sehr viel effektiver erscheinen hingegen Aufklärungsmaßnahmen, da nur diese auch eine nachhaltige Verhaltensänderung der Jugendlichen nach sich ziehen. Ein aktuelles Beispiel hierfür ist etwa die »Stay Gold«-Kampagne der Polizei, bei der Jugendlichen durch teilweise drastische Bilder die Auswirkungen exzessiven Alkoholkonsums vor Augen geführt werden soll. Die Plakate und Spots dieser Aktion scheinen besonders geeignet, um junge Menschen anzusprechen, und dürften auf längere Sicht einen weitaus größeren präventiven Effekt haben als etwa eine Erhöhung des Alkoholpreises.

Die materialgestützte Erörterung

Bei der materialgestützen Erörterung sollen Sie sich auf der Grundlage unterschiedlicher Materialien, wie etwa Karikaturen, (kurzen) Texten oder auch Schaubildern und Grafiken, mit einem Problem bzw. einer spezifischen Fragestellung auseinandersetzen. Dazu sind – wie auch bei der textgebundenen Erörterung – zwei Hauptarbeitsschritte nötig: Zunächst müssen Sie die Informationen der gegebenen Materialien erschließen, um anschließend auf dieser Grundlage das gestellte Problem erörtern zu können.

Aufgabenstellung zur materialgestützten Erörterung
Erörtern Sie die folgende Aussage unter Zuhilfenahme der beigefügten Materialien.

Die unangemessen hohen Gehälter von Managern sind Ausdruck sozialer Ungerechtigkeit.

M1

M3

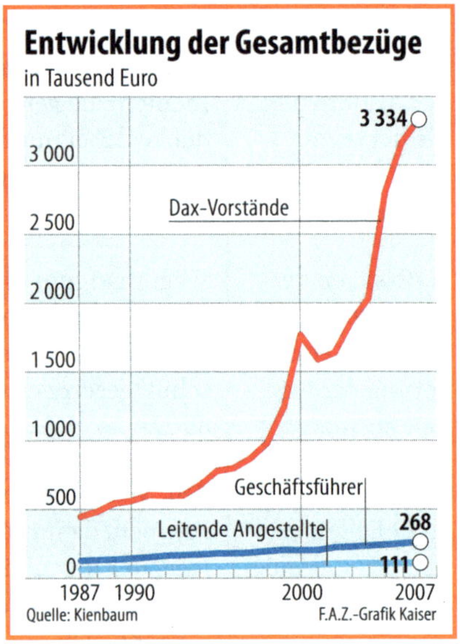

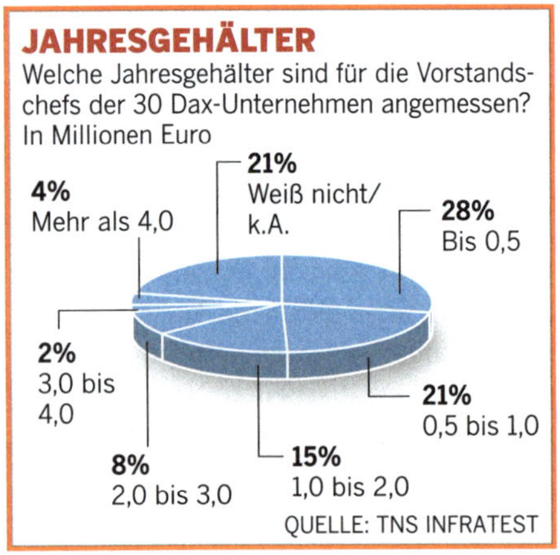

M2

Vorarbeiten

Erster Schritt: Erste Ideen und Assoziationen festhalten

Beispiel:
Zunächst sollten Sie erste Ideen, Assoziationen und ggf. bereits vorhandenes Vorwissen in Bezug auf das gestellte Thema festhalten; dazu empfiehlt sich eine Visualisierung, etwa in Form eines Ideennetzes, das Sie dann im weiteren Verlauf der Beschäftigung sukzessive ergänzen und erweitern können.

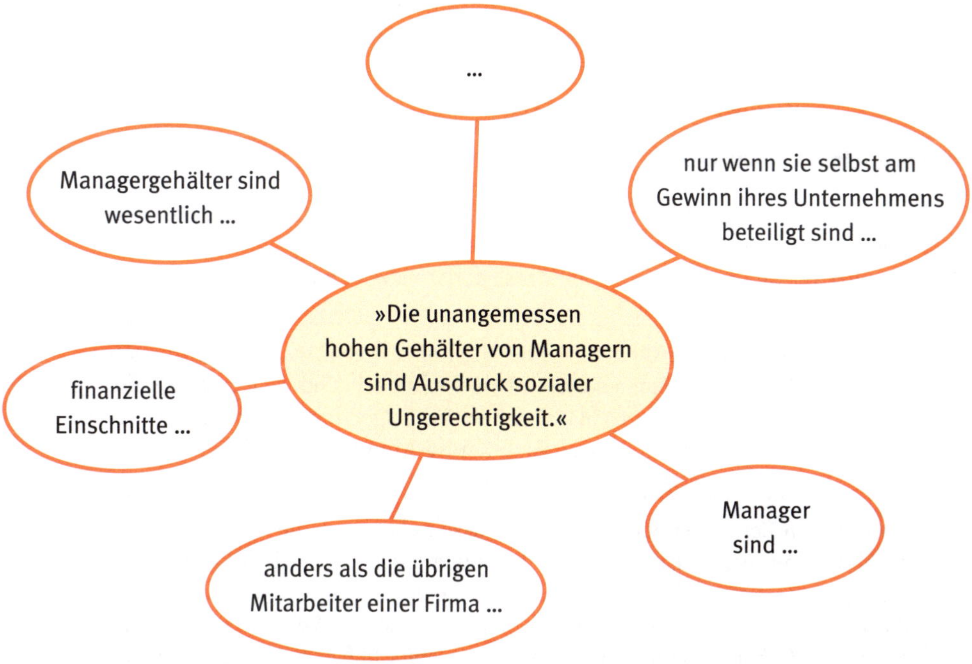

1. Vervollständigen Sie das Ideennetz zu der zentralen Aussage.

Zweiter Schritt: Die Materialien analysieren

Beispiel:
Nachdem Sie erste eigene Ideen zu dem zu erörternden Problem festgehalten haben, sollten Sie nun die beigefügten Materialien auf die relevanten Informationen hin analysieren.

M 1	– Manager scheffeln Geld in Form von Boni. – Arbeiter erhalten vergleichsweise nur winzige Beträge als Lohn. – Dafür sollen sie aber auch noch Dankbarkeit zeigen.
M 2	
M 3	

2. Entnehmen Sie den Materialien 2 und 3 die relevanten Informationen. Vervollständigen Sie damit die Tabelle.

Dritter Schritt: Die Erörterung verfassen

Beispiele für mögliche Einleitungen:

A Es kann keinerlei Zweifel daran bestehen: Die Gehälter von Managern sind bei Weitem zu hoch und zeigen nur die gierige Selbstbedingungsmentalität einiger weniger, die zu Lasten der breiten Masse der arbeitenden Bevölkerung geht.

B Ob Manger zu viel verdienen und ob ihre hohen Gehälter und Vergütungen Ausdruck einer tiefgehenden sozialen Ungerechtigkeit sind, ist eine Frage, die sich viele Menschen in Deutschland stellen. Im Folgenden möchte ich diese Frage erörtern und dabei sowohl Pro- als auch Kontra-Argumente anführen.

C Gerade in Zeiten der wirtschaftlichen Krise richten sich die Augen derjenigen, deren Einkommen schrumpfen, auf die opulenten Gehälter einer kleinen Managerelite. Schnell kommt da nicht nur die Vermutung auf, dass die Empfänger diese fast schon astronomischen Summen unverdienter Weise erhalten, sondern auch, dass Gehälter in dieser Höhe Ausdruck einer tiefverwurzelten sozialen Ungerechtigkeit sind. Aber ist dem wirklich so?

D Je nach gewähltem Beruf hat man sehr unterschiedliche Verdienstmöglichkeiten. Während in einigen Berufen viel Geld zu verdienen ist, ist der Verdienst in anderen eher gering. Dabei taucht immer wieder die Frage auf, inwiefern die jeweilige Entlohnung auch gerecht ist; dieses Problem möchte ich im Folgenden näher erörtern.

3. Welche der Einleitungen ist für Sie am geeignetsten? Führen Sie – ausgehend von der von Ihnen gewählten Einleitung – die Erörterung weiter, indem Sie auch den Hauptteil und den Schluss verfassen.

Lösungsmöglichkeiten

Zum ersten Schritt (S. 83):

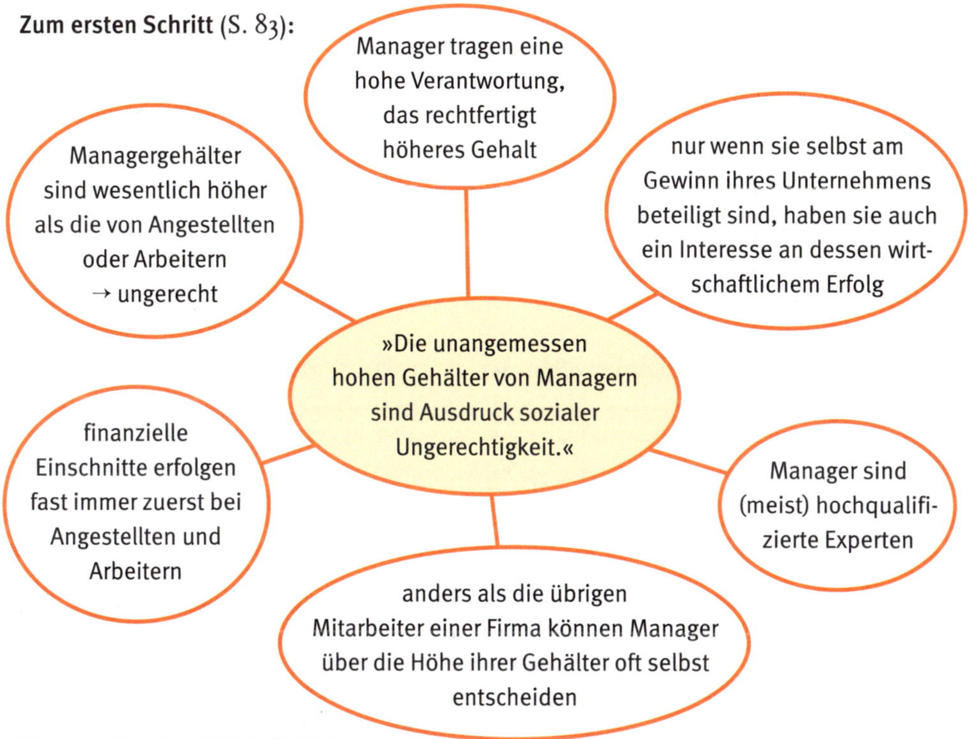

Zum zweiten Schritt (S. 83/84):

M 1	– Manager scheffeln Geld in Form von Boni. – Arbeiter erhalten vergleichsweise nur winzige Beträge als Lohn. – Dafür sollen sie aber auch noch Dankbarkeit zeigen.
M 2	– Die Gehälter von Managern liegen um ein Vielfaches höher als die von Geschäftsführern und leitenden Angestellten. – Dem zwar stetigen, aber insgesamt nur moderaten Anstieg der Gehälter der beiden letzten Gruppen steht ein sprunghafter Anstieg der Vergütung von Managern gegenüber. Während das Jahreseinkommen eines leitenden Angestellten im Jahr 2007 bei rund 100 000 Euro lag, wurde die Tätigkeit eines Managers eines Dax-notierten Unternehmens mit rund 3 Millionen Euro vergütet.
M 3	– In der Bevölkerung gibt es nur wenig Akzeptanz für Managergehälter, die zwei Millionen Euro überschreiten. – Für rund 50 % der Bevölkerung sollten Managergehälter die Grenze von einer Millionen Euro nicht überschreiten.

Zum dritten Schritt (S. 84):

A Da hier bereits die eigene Meinung klar formuliert wird, eignet sich diese Einleitung höchstens für eine lineare Erörterung.

B Es fehlt bei dieser Einleitung eine allgemeine Hinführung des Lesers bzw. der Leserin zum Problem; die Angabe, dass Pro- und Kontra-Argumente geliefert werden sollen, ist überflüssig.

C Die Einleitung ist geeignet für die Erörterung, da zunächst das generelle Problem beschrieben wird; durch die abschließende Frage wird beim Leser bzw. der Leserin zusätzlich Interesse geweckt.

D Die Relevanz der Aussagen für die zu erörternde Frage ist nicht deutlich; das eigentliche Problem wird nicht erfasst.

Vorschlag für den gegliederten Aufbau der materialgestützten Erörterung

Einleitung	– generelles Hinleiten zum eigentlichen Problem – Benennung der zu erörternden Fragestellung und Darstellung der beiden unterschiedlichen Positionen (Pro und Kontra) im Hinblick auf die Ausgangsthese
Hauptteil	– Darlegung von Pro- und Kontra-Argumenten, beginnend mit der Position, die nicht der eigenen Meinung entspricht – denkbare *Pro-Argumente* sind z. B. die Höhe der Managergehälter; der enorme Anstieg derselben innerhalb der letzten 20 Jahre; die Tatsache, dass von anderen Arbeiternehmern gerade in wirtschaftlich schweren Zeiten Lohnverzicht eingefordert wird; die geringe Akzeptanz dieser hohen Gehaltszahlungen in der Bevölkerung und das damit verbundene Empfinden, sozial ungleich behandelt zu werden – als Kontra-Argumente denkbar sind etwa die höhere Qualifikation von Managern; die Tatsache, dass sie eine hohe Verantwortung tragen; die Gefahr der Abwanderung von Managern zu ausländischen Firmen sollten ihre Gehälter in Deutschland verringert werden
Schluss	– Abwägen der Argumente und Positionierung zur Ausgangsthese (Übereinstimmung oder Widerspruch) – ggf. – ausgehend etwa von Material 2 und 3 – eine Prognose zur zukünftigen Entwicklung von Managergehältern und deren gesellschaftlicher Akzeptanz stellen

Die literarische Erörterung

Die literarische Erörterung beinhaltet die argumentative Auseinandersetzung mit Themen oder Fragestellungen aus dem Bereich der Literatur.
Als Ausgangspunkt dient dabei häufig entweder ein literarischer Text, der zunächst im Hinblick auf einen bestimmten Aspekt analysiert werden muss, oder der Rückgriff auf eine Pflichtlektüre. Darüber hinaus kann auch ein Zitat als Impuls für die Erörterung herangezogen werden.

Aufgabenstellung zur literarischen Erörterung

- Untersuchen Sie, welche Rolle dem Zuschauer in Kafkas Parabel »Auf der Galerie« zugewiesen wird.
- Erörtern Sie, ausgehend von »Auf der Galerie«, Kafkas These zur Funktion von Literatur, wie er sie in dem Briefauszug an Oskar Pollak beschrieben hat.

Auf der Galerie (1917) Franz Kafka

Wenn irgendeine hinfällige, lungensüchtige Kunstreiterin in der Manege auf schwankendem Pferd vor einem unermüdlichen Publikum vom peitschenschwingenden erbarmungslosen Chef monatelang ohne Unterbrechung im Kreise rundum getrieben würde, auf dem Pferde schwirrend, Küsse werfend, in der Taille sich wiegend, und wenn dieses Spiel unter dem nichtaussetzenden Brausen des Orchesters und der Ventilatoren in die immerfort weiter sich öffnende graue Zukunft sich fortsetzte, begleitet vom vergehenden und neu anschwellenden Beifallsklatschen der Hände, die eigentlich Dampfhämmer sind – vielleicht eilte dann ein junger Galeriebesucher die lange Treppe durch alle Ränge hinab, stürzte in die Manege, rief das – Halt! durch die Fanfaren des immer sich anpassenden Orchesters.

Da es aber nicht so ist; eine schöne Dame, weiß und rot, hereinfliegt, zwischen den Vorhängen, welche die stolzen Livrierten vor ihr öffnen; der Direktor, hingebungsvoll ihre Augen suchend, in Tierhaltung ihr entgegenatmet; vorsorglich sie auf den Apfelschimmel hebt, als wäre sie seine über alles geliebte Enkelin, die sich auf gefährliche Fahrt begibt; sich nicht entschließen kann, das Peitschenzeichen zu geben; schließlich in Selbstüberwindung es knallend gibt; neben dem Pferde mit offenem Munde einherläuft; die Sprünge der Reiterin scharfen Blickes verfolgt; ihre Kunstfertigkeit kaum begreifen kann; mit englischen Ausrufen zu warnen versucht; die reifenhaltenden Reitknechte wütend zu peinlichster Achtsamkeit ermahnt; vor dem großen Salto mortale das Orchester mit aufgehobenen Händen beschwört, es möge schweigen; schließlich die Kleine vom zitternden Pferde hebt, auf beide Backen küsst und keine Huldigung des Publikums für genügend erachtet; während sie selbst, von ihm gestützt, hoch auf den Fußspitzen, vom Staub umweht, mit ausgebreiteten Armen, zurückgelehntem Köpfchen ihr Glück mit dem ganzen Zirkus teilen will – da dies so ist, legt der Galeriebesucher das Gesicht auf die Brüstung und, im Schlussmarsch wie in einem schweren Traum versinkend, weint er, ohne es zu wissen.

Brief an Oskar Pollak (27.01.1904) Franz Kafka

Ich glaube, man sollte überhaupt nur solche Bücher lesen, die einen beißen und stechen. Wenn das Buch, das wir lesen, uns nicht mit einem Faustschlag auf den Schädel weckt, wozu lesen wir dann das Buch? Damit es uns glücklich macht, wie Du schreibst? Mein Gott, glücklich wären wir eben auch, wenn wir keine Bücher hätten, und solche Bücher, die uns glücklich machen, könnten wir zur Not selber schreiben. Wir brauchen aber die Bücher, die auf uns wirken wie ein Unglück, das uns sehr schmerzt, wie der Tod eines, den wir lieber hatten als uns, wie wenn wir in Wälder verstoßen würden, von allen Menschen weg, wie ein Selbstmord. Ein Buch muss die Axt sein für das gefrorene Meer in uns. Das glaube ich.

Vorarbeiten

Erster Schritt: Eine Analyse- und Interpretationsskizze anlegen

Nach der genauen Lektüre sollten Sie – ausgehend von dem in der Aufgabenstellung benannten Aspekt (hier: Rolle des Zuschauers) – zunächst die Aussage der Textvorlage klären; dazu empfiehlt es sich, z. B. eine **Analyse- und Interpretationsskizze** anzulegen, in der Sie relevante Aspekte sowohl des Inhalts als auch der Form sowie Sprache und deren Deutung festhalten.

Beispiel:

- Schauplatz: Zirkus
- grundlegende Struktur: Zweiteilung der Parabel; jeder Teil besteht aus nur einem (langen) Satz; die gleiche Situation wird zweimal – jedoch grundverschieden – beschrieben:

	Teil 1	Teil 2
Inhalt	– völlig erschöpfte Zirkusreiterin wird vom Zirkusdirektor brutal zur Arbeit angetrieben – keine Aussicht auf Besserung (vgl. Z. 5 ff.) – Publikum treibt sie ebenfalls an (Klatschen der Hände → »Dampfhämmer«; Z. 8) – Reaktion Galeriebesucher …	…
Form	Z. …–…	Z. …–…
Sprachliche Mittel	z. T. im Konjunktiv	…
Deutung	Schon durch den Titel wird deutlich, dass eigentlich der Galeriebesucher bzw. sein Verhalten, das jeweils konträr zu dem der anderen Zirkusbesucher ist, im Zentrum der Parabel steht. Somit nimmt er im Vergleich zu den anderen Zuschauern eine deutlich herausgehobene Position ein. Dies wird durch den Ort …	

1. Vervollständigen Sie die Skizze nach diesem Muster.

Zweiter Schritt: Sich mit Kafkas These auseinandersetzen

Beispiel:
Sie sollten in der Briefstelle zunächst zentrale **Schlüsselbegriffe** unterstreichen, um diese anschließend auch in Ihrer Erörterung zitieren zu können. Daran anschließend sollten Sie Kafkas Aussage thesenartig und prägnant in eigenen Worten zusammenfassen.

2. Bestimmen Sie zentrale Schlüsselbegriffe der Briefstelle im Hinblick auf die Funktion von Literatur und fassen Sie Kafkas Aussagen thesenartig zusammen. – Schreiben Sie auf der Grundlage Ihrer Vorarbeiten die literarische Erörterung.

Lösungsmöglichkeiten

Zum ersten Schritt (S. 88):

	Teil 1	**Teil 2**
Inhalt	– völlig erschöpfte Zirkusreiterin wird vom Zirkusdirektor brutal zur Arbeit angetrieben – keine Aussicht auf Besserung ((vgl. Z. 5 ff.) – Publikum treibt sie ebenfalls an (Klatschen der Hände = »Dampfhämmer«; Z. 8) – Reaktion Galeriebesucher: empörtes Einschreiten	– die Zirkusreiterin wird vom Direktor wohl umsorgt (»als wäre sie seine über alles geliebte Enkelin«; Z. 14) – für den Direktor kann das Publikum sie gar nicht genug bewundern (vgl. Z. 22) – Reaktion Galeriebesucher: »wie in einem schweren Traum versinkend, weint er, ohne es zu wissen« (Z. 26)
Sprachliche Mittel	– konjunktivische Darstellung → irreale Situation (unterstrichen durch die Aussage »Da es aber nicht so ist«; Z. 11) – diese Darstellung wird aber durchbrochen durch den Indikativ in Z. 8 (» die eigentlich Dampfhämmer *sind*«)	– indikativische Darstellung → gibt zumindest vor, eine reale Situation darzustellen (unterstrichen durch die Aussage »da dies so ist«; Z. 24 f.) – diese Darstellung wird aber durchbrochen durch den Konjunktiv in Z. 15 (»als *wäre* sie«)
Form	Z. 1–10	Z. 11–26
Deutung	Schon durch den Titel wird deutlich, dass eigentlich der Galeriebesucher bzw. sein Verhalten, das jeweils konträr zu dem der anderen Zirkusbesucher ist, im Zentrum der Parabel steht. Somit nimmt er im Vergleich zu den anderen Zuschauern eine deutlich herausgehobene Position ein. Dies wird durch den Ort »auf der Galerie« zusätzlich unterstrichen. Während die erstgeschilderte (konjunktivische) Reaktion für Leserinnen und Leser nachvollziehbar ist, befremdet sein »unbewusstes Weinen« als Reaktion auf die zweite Schilderung der Ereignisse. Allerdings wird bei der Lektüre beider Schilderungen deutlich, dass – aller Übertreibung zum Trotz – die erste Version am ehesten Anspruch darauf erheben kann, realistisch zu sein, wohingegen die zweite aufgrund der allzu harmonischen Darstellung kaum glaubwürdig ist. Dem wiederum steht die scheinbar paradoxe Benutzung der Modi entgegen: Somit thematisiert Kafka in seiner Parabel das Problem von Schein und Sein, von Wirklichkeit und Illusion, wobei der Galeriebesucher der Einzige zu sein scheint, der in der zweiten Version der Geschehnisse die Falschheit und Künstlichkeit der Welt zumindest erahnt.	

Zum zweiten Schritt (S. 89):
Bücher sollten: »beißen und stechen« (Z. 1f.); einen »mit einem Faustschlag auf den Schädel weck[en]« (Z. 2f.); wie ein »Unglück« sein (Z. 6), »schmerz[en]« (Z. 7), wie ein »Selbstmord« wirken (Z. 8); eine »Axt sein gegen das gefrorene Meer in uns« (Z. 9).

These: Bücher sind nicht dazu da, uns zu unterhalten oder glücklich zu machen, sondern sie sollen uns vielmehr wachrütteln und durch die Zerstörung eingefahrener Ansichten unsere Wahrnehmung schärfen.

Argumente zur Auseinandersetzung mit Kafkas Brief

- Mögliche **Pro-Argumente** sind z. B., dass wir uns im Alltag – ebenso wie die Zirkuszuschauer in Kafkas Parabel – häufig vom schönen Schein blenden lassen; dass Literatur ein Mittel sein kann, um eingefahrene Wahrnehmungsmuster zu durchbrechen, indem sie, so wie die vorliegende Parabel, den Rezipienten mit scheinbar unauflöslichen Paradoxien konfrontiert; dass erst dadurch, dass sie vermeintliche Gewissheiten in Frage stellt, Literatur unseren Horizont erweitern und vielleicht auch zu jener Bewusstheit führen kann, die der Galeriezuschauer nicht zu erlangen vermag.
  Hier sollten auch eigene Leseerfahrungen Erwähnung finden, etwa als Verweis auf literarische Texte, die für Sie die Funktion einer »Axt« hatten.

- Als **Kontra-Argument** denkbar ist etwa die Tatsache, dass Literatur auch eine unterhaltende Funktion erfüllen sollte und ein Blick »hinter die Fassade« nicht immer nötig ist; dass ein Zuviel an Analyse, ohne die ein Textverständnis nicht möglich ist, Freude an der Beschäftigung mit Literatur nehmen kann; dass es im Gegensatz zu Kafkas Aussage für Literatur ein legitimes und keinesfalls geringes Ziel ist, Leserinnen und Leser »glücklich« zu machen, etwa auch durch die Lektüre von Trivialliteratur.
  Auch hier sollten Sie auf eigene Leseerfahrungen oder -gewohnheiten verweisen.

Literaturgeschichte

Zum Begriff der Epoche

Zum Begriff: Das Wort »Epoche« stammt aus dem Griechischen und heißt übersetzt »Einschnitt«. In dieser Bedeutung wurde der Begriff bis ins 19. Jahrhundert verwendet: Ein Zeitraum wurde durch ein bestimmtes Ereignis abgeschlossen, dem ein neuer Zeitraum folgte. Die Zäsur nannte man Epoche. Erst im 19. Jahrhundert wandelte sich die Bedeutung und als Epoche wurde der Zeitraum zwischen zwei Einschnitten bezeichnet. Jede Epoche hat also einen Anfang und ein Ende und kann erst im Nachhinein festgelegt werden. Aus diesem Grund kann man keine Epoche der Gegenwart bestimmen (vgl. S. 106).

Zur Funktion der Epochen: Die Gliederung der Vergangenheit in Epochen ist ein wichtiges Hilfsmittel für alle historischen Wissenschaften, wie etwa politische Geschichte, Kulturgeschichte, Kunstgeschichte und auch die Literaturgeschichte. Für die Literaturwissenschaftler stellen Epochen eine wichtige Kategorie dar, mit deren Hilfe sie Literatur einordnen und aus ihrer Zeit heraus versuchen zu verstehen.

Zu den Epochenmerkmalen: Literaturgeschichtliche Epochen werden nicht willkürlich zwischen zwei Daten, etwa Jahrzehnten oder Jahrhunderten, gedrängt. Anfang und Ende einer Epoche setzen voraus, dass in dem Zeitraum bedeutende Merkmale und Kriterien zu erfassen sind, die das Wesentliche der Epoche ausmachen, die die Entstehung von Literatur beeinflusst haben und die in den Texten wiederzufinden sind. Dabei können die Merkmale einer Epoche ganz unterschiedlicher Herkunft sein:

Bezug zur Politik: Literatur nimmt Bezug auf politische Ereignisse und weist auf politische Missstände hin. Umgekehrt beeinflusst die Politik z. B. durch Verbote oder Förderung Literatur und ihre Entstehungsbedingungen. Die enge Verbindung von Literatur und Politik wird etwa in der Epoche des *Vormärz* deutlich, zu der die Literatur gehört, die im Vorfeld der Märzrevolution 1848 entstanden ist. Die Machtergreifung der Nationalsozialisten beendete nicht nur demokratische Produktionsmöglichkeiten von Literatur, sondern zwang alle Literaten, auf die neuen Bedingungen zu reagieren (z.B. in Nazi-Deutschland zu bleiben oder zu emigrieren).

Bezug zu Philosophie und Religion: Philosophische Ideen werden von Literaten aufgegriffen und verarbeitetet, oft auch popularisiert. Die Epoche der *Aufklärung* erhält ihre Bezeichnung aufgrund des großen Einflusses der Philosophie der Aufklärer auf die Dichter.

Bezug zu bestimmten Stilen und literarischen Programmen: Oft kristallisiert sich eine Epoche aufgrund einer bevorzugten Stilrichtung, einer bestimmten Programmatik oder Haltung heraus. So geht die Bezeichnung *Barock* auf einen Stilbegriff zurück, der aus der Kunstgeschichte auf die Literatur übertragen wird. Gleiches gilt für die Epochenbezeichnungen *Expressionismus* und *Neue Sachlichkeit,* die auch ihren Ursprung in der Kunst haben. Der Vorteil dieser Epochenbezeichnungen liegt darin, dass mit dem Begriff bereits ein wichtiges Merkmal der Zeit erfasst wird. Die Dichter des *Realismus* zeichnen sich durch eine realistische Erzählweise aus, während die Autoren des *Sturm und Drang* emotionaler dichten, die Autoren des *Biedermeier* sich entsprechend konservativ geben.

Problematisierung der Epochen: Die Arbeit mit Epochen ist kein Selbstläufer, denn nicht jeder Text lässt sich aufgrund seines Entstehungsdatums eindeutig einer Epoche zuordnen. Hinzu kommt, dass die Berechtigung einiger Epochen und damit der Epochen überhaupt immer wieder diskutiert wird. So wird die Epoche der *Klassik* als eine Erfindung der zweiten Hälfte des 19. Jahrhunderts bezeichnet, um Goethe und Schiller als Dichterfürsten verehren zu können. Tatsächlich erscheint es übertrieben, wenn nur zwei Dichter die Kriterien einer Epoche erfüllen können. Es ist auch nicht genau festgelegt, nach welchen Kriterien eine literarische Strömung oder Mode von der Epoche zu unterscheiden sind.

Überschneidungen von Epochen: Ein weiteres Problem stellt die Tatsache dar, dass häufig Überschneidungen von Epochen vorzufinden sind. So liegen die Epochen *Vormärz* und *Biedermeier* in einem Zeitraum, fallen aber in ihren politischen Aussagen völlig unterschiedlich aus. Gerade die beiden bedeutsamen *Epochenumbrüche um 1800* und *um 1900* sind gekennzeichnet durch die Gleichzeitigkeit verschiedener durchaus gegensätzlicher literarischer Richtungen. Auch innerhalb der *Nachkriegsliteratur* lassen sich äußerst unterschiedliche literarische Strömungen und Schulen feststellen.

Autoren und Epochen: Nicht alle Autoren lassen sich eindeutig einer Epoche zuordnen. Einige Autoren wie Franz Werfel und Stefan Zweig leben in mehreren Epochen und lassen sich von den jeweiligen Programmatiken und Stilen beeinflussen. Andere Autoren nehmen bewusst Abstand von ihren gegenwärtigen Strömungen, bleiben Außenseiter und gehen durchaus eigene erfolgreiche literarische Wege. Schließlich lassen sich einige Autoren nicht eindeutig einer Epoche zuweisen: so z. B. Heinrich von Kleist, Franz Kafka und z. T. auch Thomas Mann. Ebenso lässt sich in dem nun folgenden Überblick über die Epochen (S. 94–109) eine Auswahl der Dichter/Autoren nicht nach objektiven Kriterien begründen und kann daher teilweise nur aus einer subjektiven Einschätzung heraus erfolgen.

Epochen

Die Anfänge: vom Althochdeutschen zum Frühneuhochdeutschen

Epochenmerkmale	Autoren und Werke
Die Literatur des Mittelalters und der frühen Neuzeit wird dominiert vom Lateinischen. Deutschsprachige Geschichten werden nur selten aufgeschrieben und meistens mündlich weitergegeben. Vieles ist so verloren gegangen. Mit der **althochdeutschen Literatur** (ca. 750–1100), zu der *Heldenlieder, Zaubersprüche* und christliche Texte gehören, beginnt die deutschsprachige Überlieferung. Charakteristisch für die frühen Texte ist der Stabreim. Gedichtet wurde von Mönchen in Klöstern. Veränderungen in der Sprache leiten über zur **mittelhochdeutschen Literatur** (ca. 1150–1350), die geprägt ist vom *höfischen Epos,* von der *Minnelyrik* und dem *Tagelied.* Die Texte sind in Versen verfasst, die Prosa bleibt vor allem der Sachliteratur vorbehalten. Die Autoren gehören zum Adel und Klerus. Erst mit der **spätmittelalterlichen** bzw. **frühneuhochdeutschen Literatur** (ca. 1350–1600) treten auch Bürger als Autoren auf. *Volksbücher, Satiren, Schwänke* und *Meistersang* werden populär. Die große Verbreitung der Lutherbibel durch den Buchdruck ermöglicht eine Vereinheitlichung der Schriftsprache.	*Hildebrandslied* (um 820) *Merseburger Zaubersprüche* (10. Jh.) *Heliand* (um 825) *Nibelungenlied* (um 1200) **Hartmann von Aue** (1168–1220): *Erec, Der arme Heinrich* **Wolfram von Eschenbach** (um 1170–1220): *Parzival* **Gottfried von Straßburg** (gest. um 1210–20): *Tristan und Isolde* **Walther von der Vogelweide** (um 1170–1228): Minnesang Hans **Sachs** (1494–1576): Meistersang, Schwänke und Dramen Sebastian **Brant** (1457/58–1521): *Das Narrenschiff* **Martin Luther** (1483–1546): Übersetzung der Bibel (vollständig 1534) Unbek. Verf.: *Das Volksbuch vom Eulenspiegel* (1515) Unbek. Verf.: *Historia von D. Johann Fausten* (1587)

Barock (ca. 1600–1720)

Epochenmerkmale	Autoren und Werke
Mit »Barock« wird sowohl ein Stil als auch eine Epoche bezeichnet. Der Stilbegriff geht zurück auf das Portugiesische *barocco* und bedeutet »schräg« und »unregelmäßig«, das Adjektiv »barock« ist mit »abstrus«, »seltsam« oder »ausgefallen« gleichzusetzen. Als Epochenbegriff setzt sich Barock im 20. Jahrhundert durch. Die Literatur des Barock wird maßgeblich von den Schrecken des **Dreißigjährigen Krieges** (1618–1648) und der Entwicklung hin zum **Absolutismus** beeinflusst. An den Höfen der vielen deutschen Territorialstaaten betrieben die Fürsten eine eigene Kulturpolitik. Es bildeten sich Sprachgesellschaften und Dichterkreise. Das barocke Lebensgefühl ist geprägt von der antithetischen Spannung zwischen Diesseits und Jenseits, Lebensfreude und Todesangst, ausschweifendem Lebensgenuss und Kriegsgräuel. In der Literatur äußert sich dieses Lebensgefühl in dem Bewusstsein der Vergänglichkeit aller irdischen Dinge. Die *vanitas*, »Scheinhaftigkeit«, die Gewissheit des nahen Todes (*memento mori:* Bedenke, dass du sterblich bist.), aber auch die Forderung, das Leben zu nutzen (*carpe diem:* Pflücke bzw. nutze den Tag.), sind die großen Themen der Literatur. In Verbindung mit ihr steht der Gedanke vom Menschen als Schauspieler, der im großen Welttheater die ihm von Gott zugeteilte Rolle zu spielen hat und am Ende vor Gott als dem obersten Spielleiter Rechenschaft ablegen muss.	Martin **Opitz** (1597–1939): *Buch von der Deutschen Poeterey* Friedrich von **Logau** (1605–1655): Lyrik; über 3000 Epigramme Simon Dach (1605–1659), Lyrik: *Ännchen von Tharau* Paul **Gerhardt** (1607–1676): Kirchenlieder Paul **Fleming** (1609–1640), Lyrik: *An Sich* Christian Hofmann von **Hofmannswaldau** (1616–1679), Lyrik: *Vergänglichkeit der Schönheit, Auf den Mund* Andreas **Gryphius** (1616–1664), Lyrik: *Sonette;* Dramen: *Leo Armenius, Horribilicribrifax Teutsch, Absurda Comica oder Herr Peter Squenz* Philipp von **Zesen** (1619–1689), Lyrik; Roman: *Die Adriatische Rosemund* Hans Jakob Christoffel von **Grimmelshausen** (ca. 1622–1676), Roman: *Der abenteuerliche Simplicissimus Teutsch* Catharina Regina von **Greiffenberg** (1633–1694): Lyrik Daniel Caspar von **Lohenstein** (1635–1683): Lyrik; Dramen: *Agrippina, Ibrahim Sultan;* Roman: *Großmütiger Feldherr Arminius* Quirinus **Kuhlmann** (1651–1689): Lyrik

Aufklärung – Sturm und Drang (ca. 1720–1785)

Epochenmerkmale	Autoren und Werke
Der so wichtige Umbruch von der Vormoderne zur Moderne wird während der Epoche der **Aufklärung** vollzogen. Sinnbild dieser Zeit ist das *Licht*, das die Aufklärer in die dunkle Welt bringen wollen. »Licht« bringt Rationalismus, Toleranz, Fortschrittsglaube und ein von den Naturwissenschaften geprägtes Denken. In diesem Zusammenhang zentral ist der Gebrauch der *Vernunft*. Die Handlungen und Gedanken der Menschen sollen vernunftbegründet sein. Um aber vernünftig handeln zu können, muss der Mensch im Sinne der Aufklärung erzogen werden. Seine Lebensführung wird dann vernünftig und tugendhaft, frei von Aberglaube, Unmündigkeit, Unfreiheit. Das nötige Wissen erlangt der aufgeklärte Mensch durch die Philosophie und die Naturwissenschaften, die durch neue Methoden einen ungeheuren Auftrieb erfahren. Schließlich setzt mit der Aufklärung auch eine Säkularisierung ein, der Mensch löst sich nach und nach von den Vorstellungen der Kirche. Zeitschriften, populäre Romane und Schriften sowie Lexika verbreiten Wissen und zielen erstmals auf ein breiteres Publikum. Der Dichtung kommt die Aufgabe zu, zu nützen und zu unterhalten *(prodesse et delectare)*. Das *bürgerliche Trauerspiel* überschreitet als Familiendrama die bisher im Drama gültigen Standesgrenzen.	Johann Christoph **Gottsched** (1700–1766), Literaturtheorie: *Versuch einer Critischen Dichtkunst vor die Deutschen* Christian Fürchtegott **Gellert** (1715–1769), Fabeln; Erzählungen; Abhandlungen; Drama: *Die Betschwester* Johann Wilhelm Ludwig **Gleim** (1719–1803), Lyrik; Fabeln Immanuel **Kant** (1724–1804), Philosophie: *Kritik der reinen Vernunft, Kritik der praktischen Vernunft, Kritik der Urteilskraft, Beantwortung der Frage: Was ist Aufklärung?, Zum ewigen Frieden* Gotthold Ephraim **Lessing** (1729–1781), Fabeln; Literaturtheorie; Dramen: *Miss Sara Sampson, Minna von Barnhelm, Emilia Galotti, Nathan der Weise* Christoph Martin **Wieland** (1733–1813), Romane: *Geschichte des Agathon, Aristipp und einige seiner Zeitgenossen* Friedrich **Nicolai** (1733–1811), Roman: *Leben und Meinungen des Herrn Magisters Sebaldus Nothanker* Georg Christoph **Lichtenberg** (1742–1799): Aphorismen

Epochenmerkmale	**Autoren und Werke**
Stark beeinflusst von der Aufklärung entwickelt sich als literarische-revolutionäre Bewegung der **Sturm und Drang.** Junge Literaten lehnen sich in ihren Werken gegen poetische Regeln, den Absolutismus und die höfische Welt des Adels sowie die Starre der bürgerlich-gesellschaftlichen Konventionen auf. Sie verstehen sich als Genies, die in der Dichtung ihre persönlichen Gefühle und Erlebnisse verarbeiten und so ihre Individualität zum Ausdruck bringen. Philosophisch waren die Autoren geprägt von dem Vernunftgedanken der Aufklärung und den Vorstellungen des *Pantheismus,* nach der die Welt als ein Ganzes gesehen wird, Gott in allem ist und Mensch, Natur sowie All miteinander verbunden sind. Die Autoren der **Empfindsamkeit** dagegen waren vom *Pietismus* beeinflusst, einer protestantischen Frömmigkeitsbewegung, die dem Dogmatismus der Kirche die persönliche Erweckung entgegensetzte. Als Textsorten bevorzugten die Autoren *Erlebnislyrik, Briefroman, Tagebuch, Autobiografie* und *Drama.* Die Sprache ist gekennzeichnet durch Spontaneität und Impulsivität (Mündlichkeit, Ausrufe, unvollständige Sätze) sowie Metaphern, um so die intensiv erlebten Gefühle zum Ausdruck zu bringen.	Friedrich Gottlieb **Klopstock** (1724–1803), Versepos: *Der Messias* Marie Sophie von **La Roche** (1730–1807), Roman: *Geschichte des Fräuleins von Sternheim* Johann Gottfried von **Herder** (1744–1803), Autobiografie / Tagebuch: *Journal meiner Reise im Jahr 1769* Johann Wolfgang von **Goethe** (1749–1832), Gedichte: *Sesenheimer Lieder, Prometheus, Ganymed;* Drama: *Götz von Berlichingen;* Roman: *Die Leiden des jungen Werthers* Jakob Michael Reinhold **Lenz** (1751–1805), Dramen: *Der Hofmeister, Die Soldaten* Friedrich Maximilian **Klinger** (1752–1831), Drama: *Sturm und Drang* Friedrich **Schiller** (1759–1805), Dramen: *Die Räuber, Kabale und Liebe*

Weimarer Klassik (ca. 1787–1805)

Epochenmerkmale	Autoren und Werke
In der Antike ist ein *scriptor classicus* ein Schriftsteller, dessen Sprache als vorbildlich angesehen wird. Im 18. Jh. wird als »klassisch« bezeichnet, was sich an der Antike orientiert. Daraus erwächst schließlich die auch heute noch gültige Vorstellung, dass die Werke klassisch sind, die einen überzeitlichen gültigen Stil mit einer reinen Harmonie vertreten und daher keinem Einfluss unterliegen. Die Epoche der Weimarer Klassik lebt von der Ansicht, dass die Höhe der antiken Kunst durch Goethe und Schiller wieder erreicht wird. Sie selbst versuchen in ihren Werken das antike klassische Ideal umzusetzen. Als kulturelles Zentrum der Klassik wird der Wohnort Goethes und Schillers ausgemacht: Weimar. Die Klassiker vertreten das Ideal der Humanität in Anlehnung an die Leitgedanken der Aufklärung und distanzieren sich vom Subjektivismus des *Sturm und Drang*. Die Dichtung vertritt ein Konzept der *ästhetischen Erziehung* zur Veredelung des individuellen Charakters, der sich durch Vernunft, Selbstdisziplin und sittliche Läuterung auszeichnet: »Edel sei der Mensch / hilfreich und gut« (Goethe). Der Mensch strebt nach Vorbildhaftem, Normsetzendem, überzeitlich Gültigem und erweist sich dabei als empfänglich für das »Wahre, Schöne, Gute« (Goethe).	Johann Wolfgang von **Goethe** (1749–1832), Dramen: *Egmont, Iphigenie auf Tauris, Hermann und Dorothea, Faust I und II;* Romane: *Wilhelm Meisters Lehrjahre, Die Wahlverwandtschaften;* Autobiografie: *Dichtung und Wahrheit;* Gedichte: *Das Göttliche* Friedrich **Schiller** (1759–1805), Dramen: *Don Karlos, Maria Stuart, Wallenstein-Trilogie, Die Jungfrau von Orleans, Die Braut von Messina;* Gedichte / Balladen: *Die Bürgschaft, Der Ring des Polykrates; Die Kraniche des Ibykus; Das Lied von der Glocke* ——— Weitere Autoren, die zur Zeit der Weimarer Klassik gelebt und ihre Werke verfasst haben, aber sich nicht eindeutig der Epoche zuordnen lassen, sind z. B. Karl Philipp **Moritz** (1756–1793), Roman: *Anton Reiser* **Jean Paul** (1763–1825), Romane: *Titan, Flegeljahre, Hesperus* Friedrich **Hölderlin** (1770–1843), Briefroman: *Hyperion* Heinrich von **Kleist** (1777–1811), Novelle: *Michael Kohlhaas;* Dramen: *Prinz Friedrich von Homburg; Penthesilea, Amphitryon*

Romantik (ca. 1795–1840)

Epochenmerkmale	Autoren und Werke
Unsere Vorstellungen von »Romantik« und »romantisch« hängen nur bedingt mit den Auffassungen der Romantiker vor 200 Jahren zusammen. Denn mit dem romantischen Klischee schöner Sonnenuntergänge hat die Epoche Romantik nichts gemein, wohl aber mit einer Haltung, die im *Gegensatz* zur *Rationalität* (d. h. auch zur Aufklärung) und zum *Realismus* steht. Eine romantische Liebe zeichnet sich damals durch eine sehr innige, einzigartige Beziehung der Liebenden aus, die sich gegen gesellschaftliche Konventionen behauptet, die ewig hält, die über den Tod hinausgeht. Als »romantisch« charakterisiert man Gegenstände und Themen, die sich durch die Merkmale des Fantasievollen, Wunderbaren und Unendlichen, aber auch Dunklen, Geheimnisvollen und Abseitigen auszeichnen, die nicht alltäglich sind und auch nicht klassizistisch, also sich nicht an die Ideale der Antike anlehnen. Die Romantiker betonen das Gefühl und wollen eine Intensivierung des Lebens, zu der auch eine Sehnsucht nach Entgrenzung und unerreichbarer Ferne sowie eine Idealisierung des Mittelalters und des vormodernen Menschen gehören. Die angestrebte Intensivierung soll durch ein Poetisieren der Welt erreicht werden, durch eine alles umfassende Universalpoesie, wie sie der Frühromantiker Friedrich Schlegel gefordert hat. In ihren Werken widmen sich die Romantiker *Volksliedern, Volks- und Kunstmärchen,* mittelalterlichen und fantastischen *Erzählungen* und dem *Schauerroman.*	August Wilhelm **Schlegel** (1767–1845): Vorlesungen; Literaturtheorie; Übersetzungen von Shakespeare-Dramen Rahel **Varnhagen** van Ense (1771–1833): Briefe, Tagebücher **Novalis** (1772–1801), Roman: *Heinrich von Ofterdingen;* Lyrik: *Hymnen an die Nacht* Friedrich **Schlegel** (1772–1829), Roman: *Lucinde* Wilhelm Heinrich **Wackenroder** (1773–1798), Abhandlung: *Herzensergießungen eines kunstliebenden Klosterbruders* Ludwig **Tieck** (1773–1853), Roman: *Franz Sternbalds Wanderungen;* Volksmärchen: *Der blonde Eckbert, Der gestiefelte Kater* E. T. A. **Hoffmann** (1776–1822), Roman: *Die Elixiere des Teufels, Lebensansichten des Katers Murr;* Kunstmärchen: *Nussknacker und Mäusekönig, Der Sandmann* Clemens **Brentano** (1778–1842), Volksliedersammlung: *Des Knaben Wunderhorn;* Lyrik: *Der Spinnerin Nachtlied* Jacob und Wilhelm **Grimm** (1785–1863 / 1786–1859): *Kinder- und Hausmärchen* Johann von **Eichendorff** (1788–1857), Novelle: *Aus dem Leben eines Taugenichts;* Lyrik: *Sehnsucht, Wünschelrute* Wilhelm **Hauff** (1802–1827), Volksmärchen: *Das kalte Herz, Zwerg Nase*

Junges Deutschland – Vormärz – Biedermeier (ca. 1820–1850)

Epochenmerkmale	Autoren und Werke
Mit den Begriffen **Junges Deutschland** und **Vormärz** wird eine politisch-zeitkritische Literaturbewegung bezeichnet, die sich gegen eine politisch-konservative Restauration in den deutschen Fürstenstaaten richtet und liberale Ideen vertritt. Die Dichter bilden zwar keine geschlossene Einheit, aber sie kritisieren die moralische und gesellschaftlich-ständische Ordnung, den Adel, die enge Verbindung von Kirche und Staat und fordern eine republikanische Staatsordnung mit demokratischen verfassungsmäßigen Freiheiten wie der Presse- und Meinungsfreiheit. Außerdem stehen sie für einen einheitlichen deutschen Staat (Nationalliberalismus), aber auch das Weltbürgertum und die Emanzipation der Frau.	Ludwig **Börne** (1786–1837): Politische Schriften Heinrich **Heine** (1797–1856), journalistische Texte, Reisebilder, Gedichte, Verserzählung: *Deutschland. Ein Wintermärchen* Heinrich **Hoffmann von Fallersleben** (1798–1874), Gedichte: *Deutschlandlied* Christian Dietrich **Grabbe** (1801–1836), Dramen: *Don Juan und Faust; Scherz, Ironie und tiefere Bedeutung* Georg **Büchner** (1813–1837), Dramen: *Dantons Tod; Woyzeck; Leonce und Lena;* Novelle: *Lenz;* politische Schrift: *Der Hessische Landbote* Georg **Herwegh** (1817–1875), Gedichte Ferdinand **Freiligrath** (1810–1876), Gedichte Georg **Weerth** (1822–1856) Gedichte
Zeitgleich mit dieser politischen Literaturströmung ist der **Biedermeier**, der sich jedoch unpolitisch gibt und bewusst eine kleine und beschränkte Welt favorisiert. Das Leben in der Großfamilie wird idyllisiert, die Protagonisten finden sich mit den Verhältnissen ab und fühlen sich in der (klein-)bürgerlichen Enge wohl. Eigene Bedürfnisse und Wünsche werden zugunsten einer Gemeinschaft hintangestellt. Verzicht, Erfüllung der Pflicht, Sparsamkeit, Fleiß und Arbeitswilligkeit sind die entscheidenden protestantischen Tugenden, die hochgehalten werden. Konflikte aber werden gescheut.	Anette von **Droste-Hülshoff** (1797–1848), Gedichte; Novelle: *Die Judenbuche* Nikolaus **Lenau** (1802–1850), Gedichte Eduard **Mörike** (1804–1875), Gedichte; Roman: *Maler Nolten* Albert **Stifter** (1805–1868), Roman: *Der Nachsommer*

Realismus (ca. 1840–1890) – Naturalismus (ca. 1880–1900)

Epochenmerkmale	Autoren und Werke
Die Begriffe *Realismus* und *Naturalismus* werden als Epochenbegriffe, aber auch als Stilbegriffe verwendet. Dabei ist zu beachten, dass vor und nach dem Zeitraum Autoren für sich in Anspruch nehmen, realistisch bzw. naturalistisch zu schreiben. Die Epochen sind eine Reaktion auf die gescheiterte Revolution von 1848, die Reichsgründung 1871 und die Industriegesellschaft. In den Texten des **Realismus** werden einer unübersichtlich gewordenen Welt geordnete Welten gegenübergestellt. Die Autoren vertreten bürgerliche Wertvorstellungen und die Idee der individuellen Entwicklung und Selbstbestimmung. Realistische Literatur will nicht das Leben eins-zu-eins abbilden, sondern es in seiner Intensität, Klarheit, Übersichtlichkeit und Abrundung erklären und verklären.	Friedrich **Hebbel** (1813–1863), Drama: *Maria Magdalena* Gustav **Freytag** (1816–1895), Dramentheorie; Roman: *Soll und Haben* Theodor **Storm** (1817–1888), Novellen: *Der Schimmelreiter, Immensee* Gottfried **Keller** (1819–1890), Novellenzyklus: *Die Leute von Seldwyla;* Roman: *Der grüne Heinrich* Theodor **Fontane** (1819–1898), Romane: *Irrungen, Wirrungen; Frau Jenny Treibel; Effi Briest; Der Stechlin* Conrad Ferdinand **Meyer** (1825–1889), Lyrik; Novellen: *Das Amulett, Der Schuss von der Kanzel* Wilhelm **Raabe** (1831–1910), Romane: *Die Chronik der Sperlingsgasse, Der Stopfkuchen*
Im Unterschied dazu versuchen die Autoren des **Naturalismus**, wie Fotografen und Naturwissenschaftler, Natur und Gesellschaft so exakt wie möglich wiederzugeben. Arno Holz prägte in diesem Zusammenhang die Formel »Kunst = Natur – x«. Die Texte zeichnen sich durch die Verwendung von Dialekt und Alltagssprache sowie den Sekundenstil (Zeitdeckung) aus. In den Texten widmen sich die Naturalisten dem Kleinbürgertum und Proletariat, äußern (sozialistische) Gesellschaftskritik und rufen zu Humanität und Toleranz auf.	Johannes **Schlaf** (1862–1941) und Arno **Holz** (1862–1941), Erzählungen: *Papa Hamlet;* Drama: *Die Familie Selicke* Gerhart **Hauptmann** (1862–1946), Dramen: *Vor Sonnenaufgang, Der Biberpelz, Die Ratten, Die Weber* Hedwig **Dohm** (1831–1919), Romane, Novellen

Fin de Siècle – Symbolismus (ca. 1890–1920)

Epochenmerkmale	Autoren und Werke
Die Autoren des **Fin de Siècle** (oder auch der *Décadence*) setzen das Ende des 19. Jahrhunderts mit einer Endzeit gleich und thematisieren in ihren Texten Lebensüberdruss, Vergänglichkeit, Weltschmerz, aber auch Leichtlebigkeit. Sind sie zudem Vertreter des **Symbolismus**, dann konzipieren sie eine »poésie pure« und »l'art pour l'art«, eine Dichtung also, die allein um der Dichtung willen existiert und keine Bezüge zur Wirklichkeit aufweist. Auffällig für diese Literatur insgesamt ist, dass Individualität und Genialität des intellektuellen Künstlers in den Mittelpunkt treten und die Dichter zeitgenössische Aspekte in ihren Werken zurückdrängen. Jede Form sprachlicher Nachahmung von politischer, sozialer, historischer und natürlicher Wirklichkeit wird abgelehnt. Die Dichter konzentrieren sich auf die Sprache, die Zeichen und ihre Beziehungen zueinander. Wörter sollen sich nicht auf Dinge, sondern auf andere Wörter beziehen. Bei einigen Autoren kommt es sogar zu Sprachkrisen. Weitere Epochenbegriffe für diese Zeit lassen sich z. B. nach Orten (*Wiener Moderne, Berliner Moderne, Münchner Moderne*), ihrem Bezug zur Kunst (*Impressionismus, Jugendstil*), ihren literarischen Vorbildern (*Neuromantik, Neoklassik*) unterteilen. Allerdings wird mit keiner Bezeichnung die gesamte Literatur und Kultur dieser Zeit erfasst.	Eduard Graf von **Keyserling** (1855–1918), Roman: *Wellen* Arthur **Schnitzler** (1862–1931), Drama: *Reigen;* Erzählung: *Leutnant Gustl, Die Traumnovelle* Richard **Dehmel** (1863–1920): Lyrik Frank **Wedekind** (1864–1918), Dramen: *Frühlingserwachen, Lulu* Stefan **George** (1868–1933): Lyrik Hugo von **Hofmannsthal** (1874–1929), Lyrik, Erzählungen: *Ein Brief (Chandos-Brief)* Rainer Maria **Rilke** (1875–1926), Lyrik; Roman: *Die Aufzeichnungen des Malte Laurids Brigge* --- Autoren, die während dieser Epoche schrieben, ihr aber nicht eindeutig zuzuordnen sind: Thomas **Mann** (1875–1955), Romane: *Buddenbrooks, Der Zauberberg;* Novellen: *Tonio Kröger, Tristan, Der Tod in Venedig* Franz **Kafka** (1883–1924), Romane: *Der Prozess, Das Schloss;* Erzählungen: *Die Verwandlung, Das Urteil*

Expressionismus – Dadaismus (ca. 1905–1925)

Epochenmerkmale	Autoren und Werke
Die Literatur des **Expressionismus** und des Dadaismus resultiert aus der Erfahrung der rasch fortschreitenden Moderne sowie der Ich- und Welt-Zertrümmerung im Zusammenhang mit dem Ersten Weltkrieg (1914–1918). Die expressionistischen Dichter schreiben eine Dichtung der extremen Gegensätze, welche die Angst vor dem Tod, dem Weltuntergang, der Apokalypse und der Erlösungsglaube sowie die Kriegseuphorie, der Pazifismus, die Technikbegeisterung, das Großstadtleben und die Moral- sowie Zivilisationskritik vereint. Die pathetische »O Mensch«-Lyrik verkündet einen neuen Menschen, ist rauschhaft und ekstatisch, wenn sie eine freie Rhythmik und Strophenform wählt, greift aber auch traditionelle lyrische Formen wie das Sonett auf.	Else **Lasker-Schüler** (1869–1945): Lyrik August **Stramm** (1874–1915): Lyrik Georg **Kaiser** (1878–1945), Drama: *Die Bürger von Calais* Ernst **Stadler** (1883–1914): Lyrik Oskar **Loerke** (1884–1941): Lyrik; Romane Gottfried **Benn** (1886–1956), Lyrik: *Morgue* Georg **Trakl** (1887–1914), Lyrik: *Grodek* Georg **Heym** (1887–1912), Lyrik; Novellensammlung: *Der Dieb* Jakob **van Hoddis** (1887–1942), Lyrik: *Weltende* Johannes R. **Becher** (1891–1958): Lyrik Ernst **Toller** (1893–1939), Dramen: *Masse Mensch, Die Maschinenstürmer*
Der **Dadaismus** ist eine kurzlebige, aber wirkungsmächtige Avantgardebewegung (ca. 1916–1923), die sich im deutschsprachigen Raum auf die Städte Zürich, Berlin, Hannover, Köln konzentriert. Die Künstler lehnen jede Vorstellung eines einheitlichen Werks ab und zerlegen die sprachlichen Einheiten Laut, Buchstabe, Wort sowie Satz und montieren sie neu, ohne dass dabei ein sinnvolles Ganzes entsteht. Die Collagen negieren nicht nur einen höheren Sinn in der Kunst, sondern auch in der Religion, Politik und Gesellschaft. Kunst und Literatur werden für alle machbar, der Künstler wird nicht länger als Originalgenie betrachtet.	Hugo **Ball** (1886–1927), Lyrik: *Karawane;* Manifeste Raoul **Hausmann** (1886–1971): Manifeste Kurt **Schwitters** (1887–1948), Lyrik: *An Anna Blume;* Erzählungen; Manifeste Walter **Serner** (1889–1942), Erzählungen; Manifest: *Letzte Lockerung* Richard **Huelsenbeck** (1892–1974): Lyrik; Manifeste

Neue Sachlichkeit (ca. 1920–1933)

Epochenmerkmale	Autoren und Werke
Die Bezeichnung für die Epoche geht zurück auf die Mannheimer Ausstellung »Die Neue Sachlichkeit. Deutsche Malerei nach dem Expressionismus« (1925). Aber nicht nur die Maler, sondern auch die Schriftsteller grenzen sich vom Expressionismus ab und fokussieren ihre Texte auf die Dingwelt und die Verdinglichung, Versachlichung und Entsubjektivierung des Menschen. Die Neue Sachlichkeit ist zudem ein Reflex auf die relative Stabilisierung der wirtschaftlichen und politischen Lage in der Weimarer Republik nach dem Krisenjahr 1923. Viele Zeitschriften und Kabaretts ermöglichen der Literatur einen breiten Zugang zur Öffentlichkeit. Der Blick der Autoren ist nüchtern, präzise, dokumentarisch, eben sachlich auf den Alltag gerichtet, ohne diesen wie die Realisten zu verklären. Es wird auch über Hässliches und Unschönes erzählt. Auf der Theaterbühne, z. B. bei Erwin Piscator, und im Film, z. B. bei »Berlin – Die Sinfonie der Großstadt« von Walter Ruttmann, werden ebenfalls dokumentarische Techniken angewendet. Die Konzentration auf die Dingwelt und das Detail führt zu einem Verzicht auf ein Kunstwerk als geschlossenes Ganzes. Die Themen betreffen zentrale Bereiche der modernen Gesellschaft: Arbeitswelt, Industrie, Technik, Angestelltenmilieu, die neue (emanzipierte) Frau, Sport, Freizeit und Sexualität. So verfassen die Autorinnen und Autoren auch Textsorten wie *Reportage* und *Sachbuch.*	Egon Erwin **Kisch** (1885–1948): Reportagen Vicki **Baum** (1888–1960), Romane: *Stud. chem. Helene Willfüer, Menschen im Hotel* Siegfried **Kracauer** (1889–1966), Sozialstudie: *Die Angestellten* Kurt **Tucholsky** (1890–1935), Lyrik; Satire: *Deutschland, Deutschland über alles, Mit 5 PS.* Hans **Fallada** (1893–1947), Romane: *Bauern, Bonzen und Bomben, Kleiner Mann – was nun?, Wer einmal aus dem Blechnapf frisst* Erich Maria **Remarque** (1898–1970), Roman: *Im Westen nichts Neues* Bertolt **Brecht** (1898–1956), Lyrik, Drama: *Die Dreigroschenoper* Erich **Kästner** (1899–1984), Lyrik: *Sachliche Romanze;* Roman: *Fabian* Hermann **Kesten** *(1900–1966)*, Romane: *Josef sucht die Freiheit, Ein ausschweifender Mensch, Glückliche Menschen, Der Scharlatan* Marieluise **Fleißer** (1901–1974), Romane: *Mehlreisende Frieda Geier; Roman vom Rauchen, Sporteln, Lieben und Verkaufen* Ödön von **Horváth** (1901–1938), Erzählungen: *Geschichten aus dem Wiener Wald, Sportmärchen*; Roman: *Der ewige Spießer* Irmgard **Keun** (1905–1982), Romane: *Gilgi – eine von uns, Das kunstseidene Mädchen*

Exilliteratur – Innere Emigration – Literatur unter dem Hakenkreuz (1933–1945)

Epochenmerkmale	Autoren und Werke
Nach Machtübernahme, Reichstagsbrandverordnung, Bücherverbrennung sowie Berufs- und Publikationsverboten durch die Nationalsozialisten müssen die Literaten sich entscheiden, wie sie sich der Diktatur gegenüber verhalten wollen. Ab 1933 treten Autorinnen und Autoren, die vom NS-Regime politisch oder rassistisch diskriminiert werden bzw. nicht mehr in Nazideutschland leben wollen, den Weg ins Exil an, wo sie – oft in einem nicht deutschsprachigen Raum – unter sehr schweren Bedingungen versuchen, weiter zu publizieren (indem sie z.B. eigene Verlage gründen).	Stefan **Zweig** (1881–1942), Novelle: *Schachnovelle;* Erinnerungen: *Die Welt von gestern* Ernst **Weiß** (1882–1940), Romane: *Der Gefängnisarzt oder Die Vaterlosen, Der arme Verschwender, Der Verführer, Der Augenzeuge* Max **Herrmann-Neiße** (1886–1941), Lyrik Bertolt **Brecht** (1898–1956), Lyrik; Dramen: *Furcht und Elend des Dritten Reiches, Leben des Galilei, Mutter Courage und ihre Kinder, Der gute Mensch von Sezuan, Herr Puntila und sein Knecht Matti, Der kaukasische Kreidekreis* Anna **Seghers** (1900–1983), Roman: *Das siebte Kreuz*
Literaten, die sich nicht von dem NS-Regime vereinnahmen lassen, aber auch nicht fliehen müssen oder nicht ins Ausland emigrieren wollen, wählen den Weg in die sogenannte *Innere Emigration.* Wer trotzdem in Nazi-Deutschland veröffentlicht, muss mit kritischen Äußerungen sehr vorsichtig sein und Verhüllungsstrategien und Techniken der Anspielung anwenden. Andere Autoren stellen sich mit ihren Texten in den Dienst des Nationalsozialismus, wobei nationalsozialistische Literatur im engsten Sinne sich nicht bei den Lesern durchsetzen kann und Nationalsozialisten bereits vorhandene »Blut-und-Boden-Literatur« und Agitationslyrik vereinnahmen und anpassen.	Ernst **Wiechert** (1887–1950), Bericht: *Der Totenwald* Frank **Thiess** (1890–1977), Roman: *Das Reich der Dämonen.* Stefan **Andres** (1906–1970), Novellen: *El Greco malt den Großinquisitor, Wir sind Utopia*

Nachkriegsliteratur (1945– ca. 1960)

Epochenmerkmale	Autoren und Werke
Das Ende des Zweiten Weltkriegs wird von vielen Literaten als eine Stunde Null empfunden. Die Texte der Kriegsheimkehrer werden zunächst als *Trümmer- oder Kahlschlagliteratur* bezeichnet. Insgesamt lassen sich vier Strömungen der Nachkriegsliteratur unterscheiden: Die erste Strömung will einen Kontrapunkt zur Barbarei des Nationalsozialismus setzen, indem sie sich auf christliche und humanistische Werte und Traditionen des Abendlandes beruft. Die Literatur gibt sich bewusst traditionell, kulturkonservativ und lehnt die Moderne ab. Eine zweite Strömung verhält sich bewusst unpolitisch und blendet weltanschauliche Inhalte aus, um sich auf Formprobleme zu konzentrieren. Man schreibt eine anspruchsvolle und »künstliche« Literatur. Die Dichter berufen sich auf die Poetik des Symbolismus. Die dritte Strömung fordert eine engagierte Literatur, in der die Schriftsteller das gesellschaftliche und politische Gewissen der Nation darstellen sollen. Man versucht so, auch einer politischen Vereinnahmung entgegenzuwirken. Diese Dichter finden in der *Gruppe 47* ihr Forum. Die vierte Strömung verschreibt sich dem sozialistischen Realismus. Sie ist vor allem in der Sowjetischen Besatzungsszone (bis 1949) aktiv und wird von den sowjetischen Kulturfunktionären und später der DDR (ab 1949) gefördert.	Nelly **Sachs** (1891–1970): Lyrik Elisabeth **Langgässer** (1899–1950): Lyrik Günther **Weisenborn** (1902–1969), Erzählungen Wolfgang **Weyrauch** (1904–1980): Erzählungen Günter **Eich** (1907–1972), Lyrik: *Inventur;* Hörspiele Hans Werner **Richter** (1908–1993): Erzählungen, Romane Edzard **Schaper** (1908–1984): Romane; Erzählungen Alfred **Andersch** (1914–1980), Roman: *Sansibar oder der letzte Grund* Arno **Schmidt** (1914–1979), Romane: *Brand's Haide, Die Gelehrtenrepublik, KAFF auch Mare Crisium, Zettels Traum* Heinrich **Böll** (1917–1985), Erzählungen, Hörspiele, Romane: *Haus ohne Hüter, Billard um halbzehn, Ansichten eines Clowns* Paul **Celan** (1920–1970), Lyrik: *Todesfuge* Wolfdietrich **Schnurre** (1920–1989): Erzählungen Wolfgang **Borchert** (1921–1947), Kurzgeschichten: *Das Brot, Die Hundeblume, An diesem Dienstag;* Drama: *Draußen vor der Tür* Günter **Grass** (*1927), Roman: *Die Blechtrommel*

Literatur der Bundesrepublik Deutschland (ca. 1960–1989)

Epochenmerkmale	Autoren und Werke
Die fehlende umfassende Aufarbeitung der nationalsozialistischen Vergangenheit in der Bundesrepublik Deutschland und der Wunsch nach stärkerer politischer Beteiligung führen zu den Studentenunruhen Ende der 1960er Jahre. Die Literatur beteiligt sich an der politischen Auseinandersetzung durch zahlreiche *Essays, Gedichte, Romane* und *dokumentarisches Theater.* Allerdings bringt die Verbindung von Politik und Literatur nicht den erhofften Erfolg, sodass eine Wendung nach innen erfolgt. Die nun entstehende Literatur der *Neuen Innerlichkeit* oder *Neuen Subjektivität* der 1970er Jahre wird zu einer Literatur der Selbstbeobachtung. Statt einer Politisierung geschieht eine offene Beschreibung des Privatlebens und der eigenen Befindlichkeit. Parallel dazu wird experimentelle Lyrik, Pop- und Untergrundlyrik verfasst. Die Literatur der Bundesrepublik zeigt sich außerdem stets offen für Werke von Autorinnen und Autoren aus Österreich, der Schweiz und der DDR. In den 1980er Jahren erhält die westdeutsche Literatur durch die Philosophie der *Postmoderne* neue Impulse.	Wolfgang **Koeppen** (1906–1996), Romane: *Tauben im Gras, Tod in Rom* Peter **Weiss** (1916–1982), Drama: *Die Ermittlung*, Roman: *Die Ästhetik des Widerstands* Helmut **Heißenbüttel** (1921–1996): Essays Eugen **Gomringer** (*1925): Lyrik (Konkrete Poesie) Siegfried **Lenz** (*1926), Erzählungen, Romane: *Deutschstunde, Heimatmuseum* Günther **Grass** (*1927), Romane: *Katz und Maus, Hundejahre, Der Butt, Die Rättin* Martin **Walser** (*1927), Romane: *Halbzeit;* Novelle: *Ein fliehendes Pferd* Hans Magnus **Enzensberger** (*1929): Lyrik, Essays Ror **Wolf** (*1932): Lyrik Uwe **Johnson** (1934–1984), Romane: *Mutmassungen über Jakob, Das dritte Buch über Achim, Jahrestage* Nicolas **Born** (1937–1979); Lyrik; Roman: *Die Fälschung* Rolf Dieter **Brinkmann** (1940–1975), Roman: *Keiner weiß mehr;* Lyrik: *Westwärts 1 & 2* Botho **Strauß** (*1944), Romane: *Die Widmung, Rumor;* Dramen Patrick **Süskind** (*1949), Roman: *Das Parfum*

Literatur der DDR (ca. 1960–1989)

Epochenmerkmale	Autoren und Werke
Die Literatur der DDR ist zunächst dem *Sozialistischen Realismus* verpflichtet, der einen Arbeiter als positiven Helden und Vorbild für die entstehende sozialistische Gesellschaft präsentiert. Dieser Aufbauliteratur folgt mit dem »Bitterfelder Weg« der Versuch, die Trennung zwischen Dichter und Gesellschaft aufzuheben. Dieser äußert sich ab 1961 nach dem Bau der Mauer in der *Ankunftsliteratur*, in der die Autoren sich dem Alltag der DDR widmen und einen Protagonisten beschreiben, der beruflich und privat in Konflikt mit dem Sozialismus gerät, diesen Zwiespalt aber überwindet. DDR-kritische Literatur wird aber verboten und die staatseigenen Verlage sichern den Einfluss der SED. Erst nach dem Ende der Ulbricht-Ära kommt es ab 1971 unter Erich Honecker zu einer Liberalisierung. Nicht mehr der Sozialismus allein steht im Fokus der Texte, sondern auch die Probleme des Einzelnen in der sozialistischen Gesellschaft. Allerdings findet 1976 die Liberalisierung ihr Ende mit der Ausweisung Wolf Biermanns und der Ausbürgerung von etwa 100 DDR-Schriftstellern in die Bundesrepublik. Viele Autoren, die bleiben, gehen in den Untergrund und fordern immer wieder die Aufhebung der Zensur. Ein Weg, die Zensur zu umgehen, besteht für die Literatur der 1980er darin, sich historischen und mythologischen Stoffen zu widmen, um so indirekt Kritik zu äußern. Die Leser in der DDR lernen, zwischen den Zeilen zu lesen.	Erwin **Strittmatter** (1912–1994), Romane: *Ole Bienkopp, Der Wundertäter* Stefan **Heym** (1913–2001), Romane: *Collin, Ahasver* Stephan **Hermlin** (1915–1997): Erzählungen Johannes **Bobrowski** (1917–1965), Lyrik; Roman: *Levins Mühle* Franz **Fühmann** (1922–1984): Erzählungen Hermann **Kant** (*1926), Roman: *Die Aula* Erich **Loest** (*1926) Erzählungen; Roman: *Nikolaikirche* Peter **Hacks** (1928–2003): Lyrik, Dramen Günter **Kunert** (*1929): Lyrik, Erzählungen Heiner **Müller** (1929–1995), Dramen: *Germania Tod in Berlin, Traktor, Die Hamletmaschine, Der Auftrag* Christa **Wolf** (*1929), Roman: *Der geteilte Himmel* Reiner **Kunze** (*1933): Lyrik, Erzählungen Irmtraud **Morgner** (1933–1990), Roman: *Leben und Abenteuer der Trobadora Beatriz* Brigitte **Reimann** (1933–1973), Roman: *Franziska Linkerhand* Ulrich **Plenzdorf** (1934–2007), Romane: *Die neuen Leiden des jungen W., Legende vom Glück ohne Ende* Sarah **Kirsch** (*1935): Lyrik Hans Joachim **Schädlich** (*1935), Erzählungen: *Versuchte Nähe* Wolf **Biermann** (*1936): Lyrik Jurek **Becker** (1937–1997), Romane: *Jakob der Lügner, Schlaflose Tage* Volker **Braun** (*1939), Lyrik; Erzählung: *Unvollendete Geschichte* Monika **Maron** (*1941), Roman: *Flugasche* Christoph **Hein** (*1944), Roman: *Der fremde Freund*

Literatur der Gegenwart (ab 1990)

Epochenmerkmale	Autoren und Werke
Die Gegenwartsliteratur ist als Epoche nicht zu fassen. Ihr Beginn kann mit dem Fall der Berliner Mauer festgelegt werden, ihr Ende ist aber offen. Dennoch ist es möglich, verschiedene literarische Moden und Strömungen der Gegenwart zu beschreiben. Allerdings ist unsere Zeit von einer postmodernen Vielfalt geprägt, die ein Nebeneinander verschiedener Stile sogar in einem Werk bewusst zulässt. Die Literaten setzen nach 1989 ihre Auseinandersetzung mit der deutschen Vergangenheit fort, indem sie sich dem NS-Regime und seinen Verbrechen, dem Leben in SED-Diktatur und der Bundesrepublik widmen. Der erhoffte große deutsche Roman über die Wende bleibt aber – bis jetzt – aus. Des Weiteren gehen Dichter stärker als bisher eine Verbindung mit der Popkultur ein. Literaten im Umfeld der sogenannten »Generation Golf« sind oft auch Musikkritiker, Sänger, Moderatoren und thematisieren in ihren Texten die Welt des Pop sowie ihre bürgerliche Herkunft. Darüber hinaus beeinflussen die Neuen Medien in besonderem Maße die Publikationsmöglichkeiten von Literatur, da jeder in einem Blog Texte veröffentlichen und so eine große Leserschaft erreichen kann. Unabhängig von Verlagen, aber doch im Wettkampf untereinander treten Poeten des *Slam Poetry* mit ihren Texten auf öffentlichen Bühnen auf, wo sie sich der Kritik der Zuhörer stellen.	Bernhard **Schlink** (*1944), Romane: *Der Vorleser, Das Wochenende* Rainald **Goetz** (*1954), Roman: *Abfall für alle* Sven **Regener** (*1961), Roman: *Herr Lehmann* Karen **Duve** (*1961), Roman: *Taxi* Durs **Grünbein** (*1962), Lyrik Sibylle **Berg** (*1962), Romane: *Sex II, Ein paar Leute suchen das Glück und lachen sich tot* Helmut **Krausser** (*1964), Romane: *Melodien, Thanatos*; Drama: *Lederfresse* John von **Düffel** (*1966), Romane: *Vom Wasser, Houwelandt* Christian **Kracht** (*1966), Romane: *Faserland, 1979* Moritz **Rinke** (*1967), Drama: *Republik Veneta* Uwe **Tellkamp** (*1968), Roman: *Der Turm* Judith **Hermann** (*1970), Erzählungen: *Sommerhaus, später* Florian **Illies** (*1971), Essay: *Generation Golf* Alexa **Hennig von Lange** (*1973), Romane: *Relax, Ich habe einfach Glück, Warum so traurig* Bas **Böttcher** (*1974), Lyrik Juli **Zeh** (*1974), Romane: *Adler und Engel, Spieltrieb* Daniel **Kehlmann** (*1975), Roman: *Die Vermessung der Welt* Marc-Uwe **Kling** (*1982), Erzählungen: *Neues vom Känguru*

Rhetorische Mittel im Überblick

Allegorie Sinnbild für einen abstrakten Begriff: *Justitia* als Frau mit verbundenen Augen; Waage und Schwert als Sinnbild für *Gerechtigkeit*

Alliteration Wiederkehr des gleichen Anlauts bei mehreren aufeinander folgenden Wörtern *(Milch macht müde Männer munter.)*

Anakoluth grammatisch fehlerhafte Satzkonstruktion; Formulierungsabbruch besonders in der gesprochenen Sprache (*Es ist zwar teurer, und es ist klein. / Korf erfindet eine Mittagszeitung, welche, wenn man sie gelesen hat, ist man satt.* – Ch. Morgenstern)

Anapher Wiederholung mindestens eines Wortes am Vers- oder Satzanfang (*Es zu kämmen gegen den Strich / Es zu paaren widernatürlich / Es nackt zu scheren* – M. L. Kaschnitz)

Antithese Gegenüberstellung gegensätzlicher Aussagen *(Tages Arbeit – abends Gäste / Saure Wochen – frohe Feste* – J. W. Goethe)

Assonanz Reim nur der Vokale, nicht der ganzen Silbe *(Romanzen vom Rosenkranz* – C. Brentano)

Asyndeton / asyndetische Reihung Aneinanderreihung ohne beiordnende Konjunktion; Gegenteil → Polysyndeton (*Falschgeldprägen, Lichtausknipsen, Zähneputzen, Totschießen* – G. Grass)

Chiasmus kreuzweise bzw. spiegelbildartige Stellung von Satzgliedern (*Die Kunst ist lang! Und kurz ist unser Leben.*)

Ellipse unvollständiger Satz *(Wohin gehst du? → Nach Hause.)*

Epipher Wiederholung des gleichen Worts / der gleichen Wörter am Schluss parallel gesetzter Wortgruppen oder Sätze
(*Ich sah auf dich und weinte nicht. Der Schmerz / schlug meine Zähne knirschend aneinander; / ich weinte nicht.* – F. Schiller)

Euphemismus Untertreibung, mildernder oder beschönigender Ausdruck: *ein kleines Problem* statt einer *schwierigen Situation; abdanken* statt *ein Amt aufgeben*

Hendiadyoin Wiedergabe eines Begriffs durch zwei Wörter mit (annähernd) derselben Bedeutung, wobei die beiden Wortbestandteile zusammen erst die eigentliche Bedeutung des Ausdrucks bilden – im Ggs. zur → Tautologie (*samt und sonders:* Gesamtbedeutung »alles zusammen«; *Haus und Hof:* Gesamtbedeutung »Wohneigentum«)

Hyperbel Übertreibung (*blitzschnell; das dauert ja eine Ewigkeit; Ein Schneidergesell, ein niedlicher, kleiner junger Mensch, so dünn, dass die Sterne durchschimmern konnten* ... – H. Heine)

Inversion Umstellung von Wörtern im Gegensatz zur üblichen Syntax *(Einen Krimi lese ich gern.)*

Ironie Sprechen in spöttischer Verstellung, wobei gerade das Gegenteil von dem gesagt wird, was gemeint ist (*Denn Brutus ist ein ehrenwerter Mann, / das sind sie alle, alle ehrenwert.* – W. Shakespeare)

Klimax Höhepunkt; steigernde Reihung (*Heute back' ich, morgen brau' ich, übermorgen hol' ich der Königin ihr Kind.* – Rumpelstilzchen)

Litotes Verneinung oder Abschwächung des Gegenteils: *nicht hässlich* statt *schön; nicht übel* statt *gut / Ich ärgere mich darüber nicht wenig.*

Metapher Bedeutungsübertragung in der Beziehung der Ähnlichkeit; sprachliches Bild (*Mauer des Schweigens; Licht der Wahrheit; Durchbohrt hat mich der Läst'rung giftiger Speer.* – F. Schiller)

Metonymie Ersetzung eines Wortes durch ein anderes, das mit ihm in einer logischen Verbindung steht: *Das Weiße Haus meldet ...* statt *Der amerikanische Präsident ...*

Neologismus Wortneuschöpfung (*schwerschwarz* – G. Grass)

Onomatopoesie Lautmalerei *(grrrrmpft!; knistern und knastern)*

Oxymoron Verbindung zweier sich widersprechender Begriffe (*Hassliebe, Minuswachstum, alter Knabe, bittersüß; schwarze Milch* – P. Celan)

Paradoxon (scheinbarer) Widerspruch mit wahrem Kern (*Umsonst ist der Tod und der kostet das Leben. / Die Tragödie des Alters ist nicht alt zu sein, sondern jung.* – O. Wilde)

Parallelismus Wiederholung derselben Wortstellung bei nebeneinander gereihten Satzgliedern oder Sätzen *(Heiß ist die Liebe, kalt ist der Schnee. Wie ist das Wetter, wie ist die See? / Die Kunst ist lang, das Leben kurz.)*

Parenthese Einschub im Satz durch Gedankenstiche, Klammern oder Kommas vom restlichen Satz getrennt (*So bitt ich – ein Versehen war's, weiter nichts – für diese rasche Tat dich um Verzeihung.* – H. v. Kleist)

Paronomasie ein Wortspiel, bei dem gleich oder ähnlich klingende Wörter mit verschiedener Bedeutung zusammengestellt werden (*Der Rheinstrom ist geworden zu einem Peinstrom, / Die Klöster sind ausgenommene Nester, / die Bistümer sind Wüsttümer* – F. Schiller)

Personifikation Vermenschlichung von Tieren, Gegenständen oder abstrakten Begriffen als redende oder handelnde Wesen *(Väterchen Frost; die Sonne lacht)*

Pleonasmus überflüssige Verbindung von Wörtern mit gleicher Bedeutung zur Verstärkung *(schwarzer Rappe; weißer Schimmel, runde Kugel, weibliche Bundeskanzlerin)*

Polysyndeton Reihung von beiordnenden Konjunktionen; (Gegenteil → Asyndeton) (*Und es wallet und siedet und brauset und zischt.* – F. Schiller)

Reputatio Vorwegnahme eines möglichen Einwands, der sogleich widerlegt wird

rhetorische Frage Frage, auf die keine Antwort erwartet wird oder deren Antwort bereits feststeht (*Möchten Sie gerne mehr Geld?*)

Suggestivfrage Frage, die eine bestimmte Auslegung durch den Zuhörer nahe legt

Syllogismus logische Denkfigur, bei der aus zwei → Prämissen ein Schluss gezogen wird (*Stimmbänder sind notwendig, um sprechen zu können. Fische haben keine Stimmbänder. Also können Fische nicht sprechen.*)

Symbol ein konkretes Zeichen für ein bestimmtes Handeln oder einen bestimmten Gegenstand: *Kreuz* als Symbol des christlichen Glaubens; *Taube* als Symbol für Frieden; Stopp-Schild

Synästhesie Vermischung verschiedener Sinneseindrücke (*heiße Musik; schreiende Farben*)

Synekdoche Bezeichnung, die einen Teil für das Ganze setzt (pars pro toto) oder das Ganze durch einen Teil wiedergibt (totum pro parte) (*Der Franzose isst gern gut* für »die Französische Küche«; *Wir flehen um ein wirtlich Dach* für »gastfreundliches Haus« – F. Schiller)

Tautologie Doppelaussage, mindestens zweigliedrig, oft synonym zu → Pleonasmus gebraucht (*nackt und bloß; einzig und allein; heiter und froh*)

Trikolon Verbindung dreier zusammengehöriger Wörter, Wortgruppen oder Sätze, oft mit Steigerung (Klimax) verbunden (*Eine schöne Menschenseele finden / ist Gewinn; ein schönerer Gewinn ist / sie erhalten, und der schönst' und schwerste, / sie, die schon verloren war, zu retten* – J. G. Herder)

Vergleich
bildhafter Hinweis auf einen anderen Bereich (*Er ist schlau wie ein Fuchs.*)

Grammatik im Überblick

Grammatische Fachbegriffe im Überblick

Wortarten		
flektierbar durch Konjugation	flektierbar durch Deklination	nicht flektierbar
Verb	Substantiv/ Nomen Artikel Adjektiv Pronomen	Präposition Adverb Konjunktion

Sätze		
einfacher Satz	zusammengesetzter Satz	
Hauptsatz (HS)	Satzreihe (Parataxe) Hauptsatz + Hauptsatz HS + HS (+ HS ...)	Satzgefüge (Hypotaxe) Hauptsatz + Nebensatz HS + NS (+ NS ...)

Satzglieder				
Subjekt	Prädikat	Prädikative – adjektivisch – substantivisch	Objekte – Dativobjekt – Akkusativobjekt – Genitivobjekt – Präpositional-objekt	Adverbiale – Temporaladverbial – Lokaladverbial – Modaladverbial – Kausaladverbial
Attribute (Satzgliedteile)				
attributives Adjektiv, attributives Partizip, Genitivattribut, Präpositionalattribut, unverbundene Apposition, attributives Adverb, Relativsatz, satzwertiger Infinitiv				

Nebensätze – Formen und Funktionen	
formale Ordnung: Nebensätze und die Art ihrer Einleitung	funktionale (inhaltliche) Ordnung: Nebensätze als Satzglied oder Attribut
Konjunktionalsatz, Relativsatz, indirekter Fragesatz, uneingeleiteter Nebensatz, satzwertige Infinitivgruppe, satzwertige Partizipgruppe	Subjektsatz, Objektsatz, Prädikativ, Attributsatz, Adverbialsätze

Grammatische Fachbegriffe im Einzelnen

Adjektiv Wortart, deklinierbar, charakterisiert Personen, Gegenstände, Geschehen, Eigenschaften und Merkmale *(großer Vogel, rotes Haus.)*. Das Adjektiv kann im Satz verwendet werden:
- attributiv: *das schnelle Auto*
- prädikativ: *Das Auto ist schnell.*
- adverbial: *Das Auto fährt schnell.*

Das Adjektiv kann gesteigert werden (Komparation). Vergleichsstufen sind
- der Positiv: *schnell*
- der Komparativ: *schneller*
- der Superlativ: *am schnellsten, das schnellste Auto*

Adjektivattribut Satzgliedteil. Das Adjektivattribut ist ein vorangestelltes Adjektiv. *(Das kleine Mädchen mit der roten Mütze heißt Rotkäppchen.)*

Adverb Wortart, nicht flektierbar, frei verschiebbar im Satz, bezeichnet Umstände eines Geschehens. Nur wenige können gesteigert werden. Das Adverb kann sich beziehen auf
- ein Verb *(Er rennt blindlings über die Straße.)*,
- ein Adjektiv *(ein sehr schönes Haus)*,
- ein Substantiv *(das Auto dort)*,
- einen ganzen Satz *(Hoffentlich regnet es nicht)*.

Unterscheidung in
- Lokaladverbien *(abseits, dort, oben, abwärts)*
- Temporaladverbien *(nachts, gestern, plötzlich, immer)*
- Modaladverbien *(blindlings, flugs, kurzerhand)*
- Kausaladverbien *(daher, nämlich, folglich, deswegen)*

Adverbattribut Satzgliedteil. Das Adverbattribut ist ein hinweisendes Adverb. *(Das Mädchen dort ist Rotkäppchen.)*

Adverbial (adverbiale Bestimmung), Satzglied, das wie das Objekt die Satzaussage ergänzt. Unterscheidung in:
- Adverbial der Zeit – temporal: erfragt mit *wann, seit wann, wie lange … (Am letzten Tag des Jahres feiern wir.)*
- Adverbial des Ortes – lokal: erfragt mit *wo, wohin, woher … (Das Buch liegt auf dem Tisch.)*
- Adverbial des Grundes – kausal: erfragt mit *warum, weshalb … (Er fehlt wegen einer Grippe in der Schule.)*
- Adverbial der Art und Weise – modal: erfragt mit *wie, womit, wodurch … (Das Auto fährt mit rasender Geschwindigkeit durch die Stadt.)*

Adverbialsatz Nebensatz bzw. Gliedsatz, der anstelle eines Adverbials steht. (*Wir froren, weil es kalt war.* – Warum?)

Akkusativ Kasus, 4. Fall bei Adjektiv, Artikel, Pronomen und Substantiv / Nomen (*Ich sehe den Mann, die Frau, das Kind.* – Wen oder was?)

Akkusativobjekt Satzglied; ergänzt die Satzaussage; wird mit wen oder was erfragt. *(Ich begrüße den glücklichen Leser.)*

Aktiv und **Passiv** Verbformen; drücken verschiedene Blickrichtungen auf einen Sachverhalt aus. Beim Passiv rückt der »Täter« in den Hintergrund. (*Der Arzt untersucht den Patienten.* Aktiv – *Der Patient wird vom Arzt untersucht.* Passiv)

Apposition nachgestellte Beifügung, Attribut; wird vom Bezugswort durch Kommas abgetrennt. *(Rotkäppchen, ein kleines Mädchen, trägt eine rote Mütze.)*

Artikel Wortart, deklinierbar, begleitet vorangestellt das Substantiv/Nomen, zeigt dessen *Genus, Numerus* und *Kasus* an:
- der bestimmte Artikel zeigt bekannte Sachverhalte *(der Mann)* an;
- der unbestimmte Artikel kennzeichnet unbekannte Sachverhalte *(ein Mann)*.

Attribut Satzgliedteil; bezieht sich auf ein Substantiv/Nomen oder dessen Stellvertreter und bestimmt es näher. Unterscheidung u. a. in:

- Adjektivattribut *(das griechische Buch)*
- Genitivattribut *(das Buch des Griechen)*
- Adverbattribut *(das Buch hier ist nicht griechisch)*
- Präpositionalattribut *(das Buch von den alten Griechen)*
- Apposition *(das Buch von Homer, dem griechischen Dichter, kennen ...)*

...

Attributsatz Nebensatz; mit einem Relativpronomen eingeleitet; steht für ein Attribut. *(Hunde, die bellen, beißen nicht.)*

Aufforderungssatz Satzart; erkennbar am Satzschlusszeichen: ! *(Gib mir den Schlüssel!)*

Ausrufesatz Satzart; erkennbar am Satzschlusszeichen: ! *Das kann doch nicht wahr sein!*

Aussagesatz Satzart; erkennbar am Satzschlusszeichen: . (Punkt)

Dativ Kasus, 3. Fall bei Adjektiv, Artikel, Pronomen und Substantiv/Nomen (*Er gibt dem Hund einen Knochen.* – Wem?)

Dativobjekt Satzglied; ergänzt die Satzaussage, wird mit wem erfragt. *(Er gab ihr sein Buch. Das Auto gehört meiner Mutter.)*

Deklination Veränderung (Flexion) der Wortformen von Adjektiv, Artikel, Pronomen und Substantiv/Nomen nach *Genus, Kasus* und *Numerus*

Demonstrativpronomen hinweisendes Fürwort *(der, dieser, jener, derjenige, derselbe)* mit der Funktion des ausdrücklichen Hinweisens *(dieses Buch)*; verweist in Texten auf vorher Genanntes *(Birken, Erlen und Buchen stehen am Straßenrand. Diese Bäume bilden eine schöne Allee.)*

Femininum Genus: weibliches grammatisches Geschlecht

Finalsatz Nebensatz; mit den Konjunktionen *damit, dass* eingeleitet, drückt einen Zweck oder eine Absicht aus. *(Er macht regelmäßig Hausaufgaben, damit er Erfolg hat.)*

Flexion Veränderung (Beugung) der Wortformen; Oberbegriff für *Deklination, Konjugation* und *Komparation*

Fragesatz Satzart; erkennbar am Satzschlusszeichen: ? *(Gibst du mir den Schlüssel?)*

Futur Zeitform des Verbs; gebildet mit dem Hilfsverb *werden (ich werde lesen)*

Genitiv Kasus, 2. Fall bei Adjektiv, Artikel, Pronomen und Substantiv/Nomen *(Der Hund des Nachbarn beisst.* – Wessen?)

Genitivattribut Satzgliedteil; ein Substantiv im Genitiv *(Die Mütze des Mädchens ist rot.)*

Genitivobjekt Satzglied, ergänzt die Satzaussage, wird mit *wessen* erfragt; steht nur nach wenigen Verben wie *gedenken, bezichtigen, bedürfen, sich entledigen (Er wird des Diebstahls bezichtigt.)*

Genus, Genera grammatisches Geschlecht; Unterscheidung in *Maskulinum* (männlich), *Femininum* (weiblich), *Neutrum* (sächlich)

Gliedsatz Nebensatz; steht für ein Satzglied. Oft wird die Bezeichnung gleichbedeutend mit *Nebensatz* gebraucht.

Hauptsatz selbstständiger Satz; kann für sich selbst stehen, ist grammatisch nicht von anderen Sätzen abhängig *(Morgen wird das Wetter schön.)*

Imperativ Aufforderungs-, Befehlsform des Verbs, wird gebildet aus der 2. Person Singular *(geben – gibt → gib!)* oder 2. Person Plural *(gebt!)*

Indefinitpronomen unbestimmtes Fürwort; bezeichnet eine nicht näher bestimmte Menge von Personen oder Gegenständen: *alle, einer, einige, etwas, jeder, jemand, keiner, man, niemand, nichts … (Niemand will es getan haben.)*

indirekter Fragesatz Nebensatz; wird durch ein Interrogativpronomen bzw. -adverb *(wer, wann …)* eingeleitet. *(Er weiß nicht, wer er ist.)*

Infinitiv infinite Form (unveränderte Form, Grundform) des Verbs: *gehen, laufen, radeln, ändern*

Infinitiv, satzwertiger Wortgruppe mit einem Infinitiv; hat die Funktion eines Nebensatzes *(Die beiden Freundinnen trafen sich, um gemeinsam zu lernen.)*

Interrogativadverb Adverb; unveränderbar, leitet es einen Fragesatz ein *(Wann kommst du?)*

Interrogativpronomen Fragefürwort; leitet einen Fragesatz ein; Unterscheidung in
- deklinable Interrogativpronomen *(wer, wessen, wem, wen, welcher, welche, welches)*,
- indeklinable Interrogativpronomen *(wann, wie, wo, woran, womit, wozu, weshalb, wohin, warum)*. Indeklinable Interrogativpronomen werden auch Interrogativadverbien genannt.

Kausalsatz Nebensatz, wird mit den Konjunktionen *weil, da* eingeleitet, gibt für die Aussage im Hauptsatz einen Grund oder eine Begründung an *(Ich ziehe mich warm an, weil es kalt ist.)*

Kasus, Kasus 1. Fall: Nominativ/2.Fall: Genitiv/3. Fall: Dativ/4. Fall: Akkusativ

Komparation Steigerung des Adjektivs (und Adverbs); Komparativ: erste Steigerungsstufe *(schöner, größer)*

Kompositum, Komposita Wortzusammensetzung; besteht aus zwei selbständigen Wörtern: Bestimmungswort (erster Teil) und Grundwort (zweiter Teil) *(das Wachs + die Kerze = die Wachskerze)*

Konditionalsatz Nebensatz; wird mit den Konjunktionen *wenn, falls* eingeleitet, drückt die Bedingung eines Geschehens aus. *(Wenn es regnet, wird die Straße nass.)*

Konjugation Flexion (Veränderbarkeit, Beugung) des Verbs *(lachen, lachte, gelacht)*

Konjunktion Wortart, nicht flektierbar, nicht frei verschiebbar im Satz; verbindet Wörter, Satzteile, Sätze.
- **nebenordnende** Konjunktionen *(und, oder, aber, denn, entweder ... oder)* verbinden Wörter *(Geld oder Leben)*, Wortgruppen *(Viele träumen von einem Haus und einer weiten Reise.)* und Sätze *(Er ist zwar kein berühmter Star, aber seine Fans mögen ihn.)*
- **unterordnende** Konjunktionen *(dass, weil, nachdem, als, während, nachdem, wenn, obwohl, damit* usw.*)* verbinden Haupt- und Nebensätze. *(Er fehlt in der Schule, weil er krank ist.)*

Konjunktionalsatz Nebensatz, wird durch eine unterordnende Konjunktion *(dass, weil, obwohl ...)* eingeleitet.

Konjunktiv Modus des Verbs

Konjunktiv I; Modus für
- indirekte Rede *(Der Verteidiger meint, der Angeklagte könne nicht der Täter sein.)*
- Anweisungen *(Man nehme 100 g Mehl.)*
- Wünsche *(Er lebe hoch.)*

Konjunktiv II; Modus des Nichtwirklichen (Irrealis) und Möglichen (Potentialis) für
- irreale Vorstellungen *(Man stelle sich vor, ich wäre nicht geboren.)*
- unerfüllbare Wünsche *(Wäre ich doch nie geboren!)*
- Vermutungen *(Der Angeklagte könnte der Täter sein.)*
- höfliche Bitten *(Könnten Sie mir helfen?)*
- Vorbehalte und Zweifel *(Glaubst du wirklich, der Angeklagte könnte der Täter sein?)*

Konsekutivsatz Nebensatz; wird mit den Konjunktionen *sodass, so ... dass* eingeleitet; beschreibt die Folgen eines Geschehens *(Es regnete so sehr, dass die Keller unter Wasser standen.)*

Konzessivsatz Nebensatz; wird mit den Konjunktionen *obwohl, obgleich, obschon, wenn auch, wenngleich* eingeleitet, wird gebraucht, um Einwänden zu begegnen *(Obwohl es die ganze Nacht geschneit hat, fuhr er mit dem Fahrrad.)*

Lokalsatz Nebensatz; wird mit den Fragewörtern *wo, wohin, woher* eingeleitet, dient zur Angabe eines Ortes oder einer Richtung *(Ich gehe dorthin, wo der Pfeffer wächst.)*

Maskulinum männliches grammatisches Geschlecht

Modalsatz Nebensatz, wird mit den Konjunktionen *indem, (dadurch) dass* eingeleitet; macht Angaben über die Art und Weise des Geschehens.

Modalverben modifizieren vorwiegend ein anderes Sein oder Gesehen *(wollen, sollen, können, dürfen, müssen, mögen).*

Modus, Modi Aussageweise(n) des Verbs: **Indikativ** (Grundform), **Konjunktiv I** und **II** (Möglichkeitsformen), **Imperativ** (Befehlsform)

Nebensatz Teilsatz, der einem anderen Satz (Haupt- oder Nebensatz) untergeordnet ist und für ein Satzglied steht (Gliedsatz); erkennbar z. B. an
- einem Einleitungswort *(Konjunktion, Pronomen, Fragewort)* und an
- der Endstellung des Prädikats. *(Die Tochter lernt am Computer, während der Sohn Fußball spielt.)*

Unterscheidung nach der
- **formalen Ordnung** (Wie können Nebensätze eingeleitet werden?): Konjunktionalsatz, Relativsatz, indirekter Fragesatz, uneingeleiteter Nebensatz, satzwertige Infinitivgruppe, satzwertige Partizipgruppe

- **funktionalen (inhaltlichen) Ordnung,** (Welche Nebensätze können statt eines Satzgliedes oder eines Attributs stehen?): Subjektsatz, Objektsatz, Prädikativsatz, Attributsatz, Adverbialsatz (*Temporal-, Modal-, Kausal-, Final-, Lokal-, Konsekutiv-, Konditional-, Konzessivsatz*)

- **Stellung im Hauptsatz:**
- vorangestellter Nebensatz *(Wenn ich schlafe, träume ich nur Schönes.)*
- eingeschobener Nebensatz *(Ich träume, wenn ich schlafe, nur Schönes.)*
- nachgestellter Nebensatz *(Ich träume nur Schönes, wenn ich schlafe.)*

Neutrum sächliches grammatisches Geschlecht

Nomen, Nomina Wortart (Hauptwort; s. auch Substantiv)

Nominativ Kasus, 1. Fall bei Adjektiv, Artikel, Pronomen und Substantiv/Nomen (*Der Vogel fängt den Wurm.* – Wer oder was?)

Numerus, Numeri Zahlform bei Substantiv/Nomen, Adjektiv, Artikel, Pronomen: Singular (Einzahl) und Plural (Mehrzahl)

Objekt Satzglied; ergänzt die Satzaussage; Unterscheidung in Genitiv-, Dativ-, Akkusativ- und Präpositionalobjekt.

Objektsatz Nebensatz (Gliedsatz); steht für das Satzglied Objekt, z. B.
- Akkusativobjekt *(Peter kennt die Speisenfolge. → Peter weiß, welches Gericht zuerst kommt.),*
- Dativobjekt *(Grete hilft ihrer Freundin. → Grete hilft, wem sie helfen will.),*
- Genitivobjekt *(Sven rühmt sich seiner Klugheit. → Sven rühmt sich, dass er klug ist.),*
- Präpositionalobjekt *(Er erinnert sich an ihre schwarzen Haare. – Er erinnert sich, dass sie schwarze Haare hatte.).*

Partizip, Partizipien Mittelwort; wird aus dem Verb gebildet; Unterscheidung in **Partizip I** (Infinitiv + -d: *kommen – kommend*) und **Partizip II** (ge- + Infinitiv: *stellen – gestellt, schwimmen – geschwommen*).

Partizip, satzwertiges Wortgruppe mit einem Partizip, hat die Funktion eines Nebensatzes. *(Vom Gewitter überrascht, wurde er nass.)*

Perfekt Zeitform des Verbs; wird mit dem Präsens der Hilfsverben *sein* und *haben* gebildet. *(ich bin gelaufen, ich habe geweint)*

Personalpronomen persönliches Fürwort; fungiert als Stellvertreter von Substantiven/Nomen, bezeichnet darüber hinaus Rollen im Gespräch und verweist dabei auf den Sprecher *(ich, wir)*, auf den oder die Angesprochenen *(du, ihr)* und auf den oder die Besprochenen bzw. das Besprochene *(er/sie/es, sie)* *(Miriam ist meine beste Freundin. Sie hat mich noch nie belogen.)*.

Plural Numerus, Mehrzahl bei Substantiv/Nomen, Adjektiv, Artikel und Pronomen

Plusquamperfekt Zeitform des Verbs; wird mit dem Präteritum der Hilfsverben *sein* und *haben* gebildet. *(er hatte geschlafen, sie war gegangen)*

Possessivpronomen besitzanzeigendes Fürwort; zeigt ein Besitzverhältnis *(mein Auto)* oder eine allgemeine Zugehörigkeit *(mein Verein)* an.

Prädikat Satzglied (Satzaussage); ist immer ein Verb, sagt etwas über das Subjekt aus. Frage: Was geschieht? Es kann einteilig sein *(Der Lehrer korrigiert den Aufsatz.)* oder mehrteilig *(Der Lehrer hat den Aufsatz korrigiert.)*.

Prädikatsnomen Satzglied im Nominativ; ergänzt das Subjekt, steht nach den Verben *sein, werden* und *bleiben*, kann aus einem Substantiv *(Er bleibt Klassensprecher.)* oder Adjektiv *(Wasser ist nass.)* bestehen.

Präfix vorangestellter Wortbaustein, verändert die Bedeutung eines Worts: un-, ur-, miss-, be-, er-, ent-, ver-, zer- ... *(Uropa, uralt; beleben, erleben, verleben)*.

Präposition Wortart, nicht flektierbar, nicht frei verschiebbar im Satz; verdeutlicht Beziehungen oder Verhältnisse zwischen Gegenständen, Lebewesen oder Sachverhalten. *(auf dem Tisch, mit meinem Hund, ohne Gefahr)*

Präpositionalattribut Attribut, das mit einer Präposition an das Bezugswort angehängt wird. *(Das Mädchen mit der roten Mütze heißt Rotkäppchen.)*

Präpositionalobjekt Satzglied; ergänzt die Satzaussage, wird mit einem Fragewort und einer Präposition erfragt: *auf wen? mit wem?... (Ich warte auf den Bus.)*

Präsens Zeitform des Verbs; kann einen Vorgang oder Zustand auf allen drei Zeitstufen ausdrücken. Unterscheidung in
- **aktuelles Präsens** *(Ich liebe Bücher.)*

- **historisches Präsens** *(Gutenberg revolutioniert um 1450 den Buchdruck.)*
- **generelles Präsens** *(Ich laufe immer zur Arbeit.)*
- **futurisches Präsens** (plus adverbialer Bestimmung: *Morgen fahre ich zur Arbeit.*)
- **dramatisches Präsens** (Wechsel in erzählenden Texten vom Präteritum ins Präsens, um das Erzählte dramatischer zu gestalten: *Er lag still im Dunkeln. Plötzlich hört er ein Knacken …*)

Präteritum Zeitform des Verbs; drückt ein Geschehen in der Vergangenheit aus. *(wir liefen, sie lernten)*

Pronomen Wortart; Fürwort: begleitet oder ersetzt ein Substantiv/Nomen. Unterscheidung in *Personal-, Possessiv-, Demonstrativ-, Relativ-, Reflexiv-, Indefinit-, Interrogativpronomen*

Reflexivpronomen rückbezügliches Fürwort, das sich in der Regel auf das Subjekt des Satzes zurück bezieht. *(Ich sehe mich im Spiegel.)*

Relativadverb kann einen Relativsatz einleiten. *(wo, wann, wohin, woher, wie, weshalb, weswegen)* Vom Relativpronomen unterscheidet es sich dadurch, dass es die Eigenschaft eines Adverbs hat. *(Der Zeitpunkt, wann er kommt, ist ungewiss.)*

Relativpronomen bezügliches Fürwort *(der …, welcher …, wer, was)*; leitet einen Nebensatz ein und bezieht sich auf
- ein Substantiv *(Der Arzt, der mich behandelt hat, ist nett.)* oder
- ein Pronomen *(Ich tue alles, was du willst.)*.

Relativsatz Nebensatz; wird durch ein Relativpronomen *(der, die, das; welche …)* oder ein Fragewort in Relativfunktion *(was, wo …)* eingeleitet.

Satzarten Ausrufe, Aufforderungs-, Befehlssatz; Fragesatz; Aussagesatz

Satzgefüge Verbindung von Haupt- und Nebensatz *(Die Tochter lernt am Computer* [HS], *während der Sohn Fußball spielt* [NS].*)*

Satzglied Baustein eines Satzes, kann aus einem oder mehreren Wörtern bestehen. Welche Wörter zu einem Satzglied gehören, lässt sich durch die Umstellprobe ermitteln. *(Meiner besten Freundin/schreibe/ich/heute/einen langen Brief.)*

Satzreihe Verbindung von Hauptsätzen *(Die Tochter lernt am Computer und der Sohn spielt Fußball.)*

Singular Numerus; Einzahl bei Substantiv/Nomen, Adjektiv, Artikel und Pronomen

Stammvokal kann sich bei der Wortbildung im Wortstamm verändern. *(Berg – Gebirge/hart – härten)*

Subjekt Satzglied (Satzgegenstand); enthält Angaben über Personen, Gegenstände und/oder Sachverhalte, über die im Satz etwas ausgesagt wird. Frage: Wer oder was? (Nominativ) *(Sie läuft über die Straße.)*

Subjektsatz Nebensatz (Gliedsatz), steht anstelle des Satzglieds Subjekt. *(Dass du kommst, freut mich.)* Wer oder was freut mich?

Substantiv Wortart (Hauptwort, auch Nomen); deklinierbar, bezeichnet Konkretes *(Lebewesen, Gegenstände)* oder Abstraktes *(Liebe, Zuversicht)*, wird bestimmt durch *Genus, Numerus,* und *Kasus.*

Suffix nachgestellter Wortbaustein (*-ig, -lich, -bar, haft, -los; -heit, -keit, -ung …*) mit dessen Hilfe von Wörtern andere abgeleitet werden können, wobei ein Wortartwechsel stattfindet. *(Mut, -ig → mutig; schön, -heit → Schönheit)*

Superlativ höchste Steigerungsstufe des Adjektivs *(die schönsten Blumen, die höchsten Berge)*

Temporalsatz Nebensatz; wird mit den Konjunktionen *als, solange, bis, während, seit, bevor, nachdem* eingeleitet, gibt Auskunft über Zeit und Dauer eines Geschehens. *(Als er aus dem Haus ging, regnete es.)*

Tempus, Tempora Zeitform(en) des Verbs: *Präsens, Präteritum, Perfekt, Plusquamperfekt, Futur I, Futur II;* sind nicht mit den Zeitstufen (z. B. Gegenwart) zu verwechseln.

Verb, Verben Wortart; bezeichnet Tätigkeiten *(arbeiten)*, Vorgänge *(schwitzen)*, Zustände *(liegen)*; veränderbar durch Konjugation, wird bestimmt durch *Person, Numerus, Tempus, Genus Verbi* und *Modus*

Unterscheidung in
finite Formen *(er schläft)*
infinite Formen, die nicht konjugiert werden können:
- *Infinitiv* (Grundform) *schlafen*
- *Partizip I* (Mittelwort) *schlafend*
- *Partizip II* (Mittelwort) *geschlafen*

Unterscheidung in
- starke Verben *(gehen–ging–gegangen)*
- schwache Verben *(lachen–lachte–gelacht)*
- Hilfsverben *(haben, sein, werden)*
- Modalverben *(dürfen, können, mögen, müssen, sollen, wollen)*

Das Verb hat
- drei **Zeitstufen:** *Gegenwart, Vergangenheit, Zukunft* und
- sechs **Zeitformen** (Tempora): *Präsens, Präteritum, Perfekt, Plusquamperfekt, Futur I* und *Futur II*

Vergleichsstufen Positiv, Komparativ, Superlativ

Wortarten
- veränderbar durch Flexion (Beugung): Verb (Konjugation), Substantiv, Artikel, Adjektiv, Pronomen (Deklination)
- unveränderbar (nicht flektierbar): Adverb, Präposition, Konjunktion

Zeitformen (Tempora) *Präsens, Präteritum, Perfekt, Plusquamperfekt, Futur I, Futur II*

Zeitstufen Vergangenheit, Gegenwart, Zukunft

Rechtschreiben im Überblick

Laute und Buchstaben

Unterscheidung zwischen *gesprochener* (ca. 40 Laute) und *geschriebener* Sprache (26 Buchstaben):
- ein Laut → mehrere Buchstaben (langes a: *Tal, Saal, Wahl;* k-Laut: *Marke, Axt, sechs, Qualle, Clemens*)
- ein Buchstabe → verschiedene Laute g: *legen, Berg, freudig, Garage*
- eine Lautverbindung → ein oder mehrere Buchstabe(n): <ks>: *(Luxus, links, unterwegs, Knicks, Fuchs)*

Schreiben nach dem Lautprinzip

Lange Vokale

- einfacher Vokal (*Schaf, Besen, Schnur; Biber* – einfache i-Schreibung)
- Doppelvokale: *(Saal, Meer, Moos)*
- Längezeichen h (nur vor l, m, n, r): *kahl, nehmen, Kahn, bohren; ihr, ihm*

Kurze Vokale

Nach kurzem, betontem Vokal wird der folgende Konsonant verdoppelt: *sammeln, Wette, küssen*
Auch -tz und -ck gehören zu den Doppelkonsonanten: *Mütze, kleckern*

s-Schreibung

- **s** steht immer im Anlaut *(Salbei, selbst, singen)*; im Inlaut als stimmhafter s-Laut nach langem Vokal oder Diphthong *(sausen, reisen)*; im Auslaut als stimmloser s-Laut nach langem Vokal, wenn die Verlängerungsprobe zu einem stimmhaften s führt *(Haus – Häuser; ich las – lesen)*
- **ss** steht im Inlaut und Auslaut nach kurzem, betontem Vokal *(Wasser, hassen, müssen; du musst, Nuss, Fluss)*
- **ß** steht im Inlaut und Auslaut als stimmloser s-Laut nach langem Vokal oder Diphthong *(außen, Fuß, Strauß, süß, ich aß)*

Bei Fremdwörtern besteht eine Tendenz, neben oder statt der fremdsprachlichen die deutsche Schreibweise anzuwenden *(Pizza, Adagio, Orange, Shorts, Telefon, Schi, Büro, Fassade …)*

Schreiben nach dem Stammprinzip

Nach dem Stammprinzip soll der Wortstamm bei verwandten Wörtern und Wortformen möglichst gleich geschrieben werden: *(das Haus – die Häuser; wahr – sich bewähren – während; Nummer – nummerieren; Platz – platzieren; Bett + Tuch = Betttuch; schaffen – er schafft)*
Nicht immer ist das Stammprinzip durchgeführt oder durchführbar: *(Eltern* zu *alt; ich erschrecke – ich erschrak, ich genieße – ich genoss, ich greife – ich griff:* Es werden hier die Regeln zur Kennzeichnung von kurzen und langen Vokalen beachtet!)

Schreiben nach dem grammatischen Prinzip

Großschreibung

- am Satzanfang
- aller Substantive und aller Wörter, die substantivisch gebraucht werden *(das Auto, das Laufen, das Gute, das Ach und Weh)*
- von Ordnungszahlen und sinnverwandten Adjektiven *(am Ersten, jeder Zweite, als Dritter, fürs Erste, der Nächste, als Letztes)*
- unbestimmter Zahladjektive *(Unzählige, Verschiedenes, das Ganze, alles Übrige, alles Mögliche)*
- von Superlativen, nach denen mit *woran / an was* oder *worauf? / auf was?* gefragt werden kann *(am Nötigsten, auf das Beste)*
- bestimmter Verbindungen, auch wenn sie mit einer Präposition verbunden sind *(Arm und Reich, für Arm und Reich, Gut und Böse, jenseits von Gut und Böse)*
- wenn zum Ausdruck gebracht werden soll, dass das Zahladjektiv substantivisch gebraucht ist *(die Anderen, die Vielen)*
- von Adjektiven in bestimmten substantivischen Wortgruppen, obwohl keine Eigennamen vorliegen *(der Regierende Bürgermeister, der Heilige Abend, der Erste Mai, die Erste Hilfe)*
- des ersten Wortes in einer substantivischen Zusammensetzung oder Aneinanderreihung auch dann, wenn es kein Substantiv ist *(der Pro-Kopf-Verbrauch, das Auf-der-faulen-Haut-Liegen)*
- der Bezeichnungen von Tageszeiten nach Adverbien wie *heute, gestern, morgen (heute Abend, morgen Mittag)*
- von geografischen Namen abgeleiteten Wörtern auf *-er* immer, auf *-isch,* wenn sie Teil eines Namens sind *(der Kölner Dom, der Atlantische Ozean)*
- aller zu einem mehrteiligen Namen gehörenden Adjektive, Partizipien, Pronomen und Zahlwörter *(der Alte Fritz, der Börsenverein des Deutschen Buchhandels)*
- von als Substantive gebrauchte Grundzahlen, wenn sie Ziffern bezeichnen *(eine Zwei im Zeugnis, eine Vier beim Würfeln)*

Kleinschreibung

- der Wörter *angst, bang, feind, gram, klasse, leid, pleite, recht, schuld, spitze, unrecht, weh* in Verbindung mit den Verben *sein, bleiben* oder *werden (angst werden, feind bleiben, recht sein)*
- von Pronomen, auch wenn sie substantivisch gebraucht sind *(mancher, dieser und jener, alles, die beiden)*
- der Zahladjektive *viel, wenig, eine, andere* mit allen ihren Flexionsformen *(die vielen, weniges, der eine und der andere, die anderen)*
- von Adjektiven in substantivischen Wortgruppen, die zu festen Verbindungen geworden, aber keine Eigennamen sind *(das neue Jahr, die höhere Mathematik, die graue Maus)*
- von geografischen Namen abgeleiteten Wörtern auf *-isch,* wenn sie nicht Teil eines Namens sind *(böhmische Dörfer, französischer Käse)*
- von Grundzahlen unter einer Million *(alle vier, gegen zwölf)*

Groß- oder Kleinschreibung

- der Wörter *recht* und *unrecht* in Verbindung mit Verben wie *behalten, geben, haben, tun (recht / Recht geben, unrecht / Unrecht tun, recht / Unrecht haben)*
- von festen adverbialen Wendungen mit *aufs / auf das*, die mit *wie?* erfragt werden können *(aufs herzlichste – auf das Herzlichste)*
- von Verbindungen aus Präposition und dekliniertem Adjektiv ohne vorangehenden Artikel *(von neuem / Neuem, von weitem / Weitem, auf weiteres / Weiteres)*
- der Wörter *hundert, tausend* oder *dutzende,* wenn mit ihnen unbestimmte Mengen angegeben werden *(Hunderte/hunderte von Menschen, einige Tausend/tausend schreiende Fans)*

Getrenntschreibung

- bei der Verbindung aus zwei Verben (Bei Verbindungen mit *bleiben* und *lassen* sowie bei *kennen lernen* ist bei übertragener Bedeutung auch eine Zusammenschreibung möglich: *Es ist kein Hindernis für den späteren Schulerfolg, wenn man in der Schule einmal sitzengeblieben ist. / Wenn ältere Menschen einen Platz in der Straßenbahn suchen, sollten jüngere nicht sitzen bleiben.*)

Zusammenschreibung

- der Verbindung von Adjektiv und Verb, wenn die Zusammensetzung eine neue Bedeutung bildet *(Der Richter hat den Angeklagten freigesprochen. Ein guter Redner sollte frei sprechen.)*
- der Verbindung aus Substantiv und Adjektiv, wenn der erste Bestandteil mit einer Wortgruppe paraphrasierbar ist *(Valentin betrat angsterfüllt die Geisterbahn. Valentin betrat von Angst erfüllt die Geisterbahn.)*

Getrennt – oder Zusammenschreibung

- bei der Verbindung von Adjektiv und Verb, wenn das Adjektiv das Resultat eines Vorgangs bezeichnet *(Früher mussten die Kinder ihren Teller immer leer essen / leeressen.)*
- bei Verbindungen mit adjektivisch gebrauchten Partizipien *(Die Rat suchenden / ratsuchenden Schüler wenden sich an den Vertrauenslehrer.)*
- bei Verbindungen mit einem unflektierten Adjektiv als graduierender Bestimmung *(Nicht alle Regeln sind allgemein gültig / allgemeingültig.)*

Schreiben nach dem Homonymieprinzip

Nach dem Homonymieprinzip werden gleich lautende Wörter mit unterschiedlicher Bedeutung auf unterschiedliche Weise geschrieben *(Waise – Weise; Wahl – Wal; Saite – Seite; leeren – lehren).*

Schreiben nach dem ästhetischen Prinzip

Es geht hier um willkürliche »Verschönerungen« des Schriftbilds:
- Verzicht auf die Konsonantenverdoppelung nach kurzem Vokal bei bestimmten Buchstabenverbindungen (*mischen* nicht: mischschen; *lachen* nicht: lachchen)
- Einsparung von Buchstaben (*Hoheit* nicht Hohheit; *Mittag* nicht Mitttag, *Stuhl* nicht Schtuhl, *Spiel* nicht Schpiel)

Die Kommasetzung

- **bei Aufzählungen** *(Lebenswichtige Vitamine finden sich in Obst, frischem Gemüse, Nüssen und in Vollkornbrot.)*
- **zwischen Hauptsätzen**, die nicht oder mit den nebenordnenden Konjunktionen *aber, jedoch, denn* ... verbunden sind *(Maria geht morgens aus dem Haus, Tim (aber) erst am Abend.)*
- **zwischen Haupt- und Nebensatz** *(Wir kommen nicht, da es zu sehr regnet.)*
- **bei nachgestellten Zusätzen** in Form von Appositionen, nachgestellten Erläuterungen und Infinitiv-, Partizip-, Adjektiv- oder entsprechenden Wortgruppen *(Wir, in Zeiten fast grenzenlosen Überflusses lebend, sind oft, was Essen betrifft, gedankenlos.)*
- **bei Infinitivgruppen:**
  - wenn sie mit *um, ohne, (an)statt, außer, als* eingeleitet sind *(Wir leben nicht, um zu essen, sondern wir essen, um zu leben.)*
  - wenn sie von einem Substantiv oder einem hinweisenden Wort im Hauptsatz abhängen *(Der Vorsatz, niemals zu rauchen, ist lobenswert.)*

Bei einfachem Infinitiv kann das Komma wegbleiben. *(Der Vorsatz [,] zu rauchen [,] ...)*

Komma bzw. Kommas können gesetzt werden:
- bei Hauptsätzen, die durch *und, oder, beziehungsweise, entweder – oder, nicht – noch, weder – noch* verbunden sind *(Ich faste [,] und du isst.)*
- bei Infinitiv-, Partizip-, Adjektiv- und entsprechenden Wortgruppen, wenn die oben genannten Verwendungsweisen nicht vorliegen *(Er sprach [,] mit vollem Munde essend [,] auf mich ein.)*

Die Zeichensetzung bei der wörtlichen Rede

Die wörtliche Rede wird in Anführungszeichen gesetzt. Der Aussagesatz bekommt keinen Schlusspunkt, wenn ein Begleitsatz folgt. Frage- und Ausrufezeichen bleiben jedoch erhalten.
- Der **eingeschobene Begleitsatz** wird am Anfang und am Ende durch Kommas eingeschlossen. *(»Morgen«, sagte sie, »komme ich gern.«)*
- Zwischen der vorangestellten **wörtlichen Rede** und dem **Begleitsatz** steht immer ein Komma. *(»Morgen komme ich gern«, sagte sie. / »Morgen komme ich gern!«, betonte sie. / »Kann ich auch morgen kommen?«, fragte sie.)*

Sachregister

Textquellen

Brandt, Willy: Rede vor dem Rathaus Schöneberg (10.11.1989); S. 66.
Hrsg. von der Bundeskanzler-Willy-Brandt-Stiftung d.ö R. Unter den Linden 62–68. D-10117 Berlin. www.bwbs.de/Beitraege/78.html

Brentano, Clemens: Der Spinnerin Nachtlied; S. 38.
In: »Aus der Chronika eines fahrenden Schülers«. In: Clemens Brentano: Werke, hrsg. von W. Frühwald, B. Gajek, F. Kemp, Bd.1. München: Hanser 1968.

Büchner, Georg: Dantons Tod; S. 56.
Braunschweig: Schroedel 2007. S. 17–20.

Frisch, Max: Homo faber; S. 26.
Frankfurt/Main: Suhrkamp 1957. S. 76–78. (suhrkamp taschenbuch 354).

Hesse, Hermann: Der Liebende; S. 43.
Aus: Hermann Hesse. Gesammelte Werke. Bd. 1. Frankfurt/Main: Suhrkamp 1970. S. 82.

Hollweg, Petra / Mayer, Kurt-Martin / Plewnia, Ulrike / Reineke-Nobbe, Herbert: Angst um die Flaschen-Kinder; S. 77.
In: Focus 7/2010. S. 42–50.

Hürlimann, Thomas: Applaus für ein Pferd; S. 18.
Aus: Die Satellitenstadt. Geschichten. Zürich: Amman 1992. S. 138–141.

Kafka, Franz: Auf der Galerie; S. 87.
Aus: Franz Kafka: Drucke zu Lebzeiten. Hrsg. von Wolf Kittler, Hans-Gerd Koch und Gerhard Neumann. Frankfurt am Main: S. Fischer 1994.

Kafka, Franz: Brief an Oskar Pollak; S. 88.
Aus: Franz Kafka: Briefe 1900–1912. Hrsg. von Hans-Gerd Koch. Frankfurt am Main: S. Fischer 1999. S. 35–37.

Nick, Dagmar: Früher; S. 43.
Aus: Dagmar Nick: Wegmarken. Ausgewählte Gedichte. Aachen: Rimbaud 2. Aufl. 2003. S. 19.

Bildquellen

|Roger Schmidt/cartoons.pub, Brunsbüttel: Roger Schmidt 82.1.|Frankfurter Allgemeine Zeitung GmbH, Frankfurt/Main: © Eckhard Kaiser 82.2. |Infografik DIE WELT, Berlin: 82.3.

Wir arbeiten sehr sorgfältig daran, für alle verwendeten Abbildungen die Rechteinhaberinnen und Rechteinhaber zu ermitteln. Sollte uns dies im Einzelfall nicht vollständig gelungen sein, werden berechtigte Ansprüche selbstverständlich im Rahmen der üblichen Vereinbarungen abgegolten.